쫄지 마 강사창업

쫄지 마 강사창업

초판 1쇄 발행 2023년 1월 11일

지 은 이	서환희, 육은혜, 정아름, 김지영, 김서연, 박비주
발 행 인	권선복
편 집	권보송
전 자 책	서보미
발 행 처	도서출판 행복에너지
출판등록	제315-2011-000035호
주 소	(157-010) 서울특별시 강서구 화곡로 232
전 화	0505-613-6133
팩 스	0303-0799-1560
홈페이지	www.happybook.or.kr
이 메 일	ksbdata@daum.net

값 20,000원
ISBN 979-11-92486-47-5 13370

도서출판 행복에너지는 독자 여러분의 아이디어와 원고 투고를 기다립니다. 책으로 만들기를 원하는 콘텐츠가 있으신 분은 이메일이나 홈페이지를 통해 간단한 기획서와 기획의도, 연락처 등을 보내주십시오. 행복에너지의 문은 언제나 활짝 열려 있습니다.

교육기버로 성공한 여성창업가의 비밀노트

쫄지 마 강사창업

서환희
—
육은혜
—
정아름
—
김지영
—
김서연
—
박비주

도서
출판 행복에너지

목차

두 번째 이야기

육은혜

Yook Eunhye

세 번째 이야기

정아름

Jeong Areum

김지영

Kim jiyoung

다섯 번째 이야기

김서연

Kim Seoyeon

여섯 번째 이야기

박비주

Park Biju

서환희

트윙클 키즈 스피치 전문강사이자 트윙클 컴퍼니 부대표이다. 경남 창원 지역 키즈스피치 대통령이라 불린다. 키즈 스피치 교육으로 자신의 생각을 마음껏 표현하고 세상에 당당히 나를 외칠 수 있는 아이로 자라길 바라는 마음으로 컨설팅한다. 키즈스피치를 시작하며 누구보다 진심을 다해 컨설팅하고 그 진심으로 아이들의 변화를 보며 키즈 스피치 대통령이 지속적으로 나오길 바라는 마음으로 이 책을 집필하였다.

현. 트윙클 컴퍼니 부대표
스피치 컨설턴트
트윙클 키즈 스피치 전담
CS , 비즈니스 소통 교육
모바일 쇼호스트
21가지 착! 붙는 면접 대화의 기술 저자

이메일	wiztwinkle@naver.com
인스타	hwanhee_delight
카 페	https://cafe.naver.com/twinklespeech
블로그	https://blog.naver.com/wiztwinkle

Seo Hwanhee

1

스피드보다 스피치였다

#11개월 만에 태어난 아이

나는 태어날 때부터 가족의 관심을 모두 한 몸에 받았다. 뱃속부터 남다른 태동으로 아들이라는 확신을 받았던 나는 4월 예정일을 지나고도 나올 생각을 하지 않았다. 주변의 걱정을 한 몸에 받던 엄마는 한 달이 지난 5월 아빠와 함께 나를 낳기 위해 조산원으로 향했다. 나는 너무 늦은 이유로 목에 탯줄을 두 번이나 감고 있었다. 의사 선생님은 아빠에게 산모와 태아 둘 중 하나를 선택해야 한다는 극단적인 이야기를 전달했다고 한다. 선택의 갈림길에서 태어난 아이. 그 아이가 바로 나 서환희다.

태어날 때부터 남달랐던 태동의 소유자는 동네에서 가장 빠르기로 소문이 났다. 동네 오빠들보다 빠른 달리기 실력과 뭐든지 한번 시작하면 끝을 보는 성격으로, 당시 증조할머니께서 언년이는 그냥 내버려 둬도 알아서 잘 클 것이라는 믿음의 말을 엄마에게 줄곧 하셨다. 아마도 이 성격으로 지금의 내가 있지 않나 싶다.

타고났던 끈기 덕분에 자연스럽게 운동을 시작하게 되었고, 시작하는 운동은 뭐든 내 것으로 만들기 위해 노력을 했다.

초등학교 때부터 태권도, 검도, 합기도 등 다양한 운동을 배우면서 공부보다는 운동에 초점을 두었다. 하지만 당시 나는 누구보다 행복했다. 학교생활도 나에게는 가장 즐거운 놀이터 같았다. 놀이터에서 놀다 보니 성장 과정에 맞게 체육학과에 입학하게 되었고, 대학교 졸업을 하기도 전에 전임 교수님의 추천으로 경정, 작은 소형 모터보트로 순위를 가르는 운동이 있다는 것을 알게 되었다.

교수님의 추천으로 향했던 태릉 선수촌에서 실기 시험을 치르고 난 뒤에는 대략 보름 정도의 휴식시간을 거치고 진짜 선수로서의 길을 가기 위해 미사리 경정장 입소를 하게 되었다.

#모터보트 선수 서환희 15년

국민체육진흥공단 경정 선수! 2003년 1월 대한민국 상위 1%에 속한다는 여자선수로서의 모든 것이 낯설었다. 모든 것이 정해진 시간에 맞춰져 있었고, 어떠한 흐트러짐도 용납하지 않았다. 외부의 연락은 당연히 단절되었고 휴대전화도 압수당했다. 그렇게 나의 1년은 시작되었다. 훈련원 시절 매일 이어지는 불침번 당번과 구보로 아침을 여는 하루가 익숙해지면서 시끄러운 모터의 소리도 정겨워졌다. 가끔은 훈련 도중 프로펠러에 손이 잘려나가는 등 크고 작은 사고를 목격하기도 했다. 나도 피해갈 수 없었다. 20명이 입소한 후 10명 조금 넘게 졸업을 하는 것을 보면서 내가 상위 1%에 속하는 이유를 느끼기 시작했다.

20대 초반 큰 꿈이 있었다. 보이지는 않았지만 할 수 있다고 생각했고, 뭔지 모를 이끌림에 나는 늘 자신감에 차올라 있었다. 길지도 짧지도 않은 1년의 훈련원 시절을 지나 드디어 졸업 후 정식으로 대한민국 경정 선수가 되었다. 짧은 기간 여자선수만의 경기를 지나 남녀 혼성경기에서 당당히 첫 1등을 시작으로 스포트라이트를 받았다.

배를 타는 내 모습을 보며 나조차도 신기할 만큼 나는 스피드를 즐기고 있었다. 감히 지금의 나를 상상조차 할 수 없을 만큼 말이다. 스피드를 즐겼던 20대와 30대 중반까지의 내가 지금 스피치의 무대를 이끌어 갈 것이라는 생각은 단 한 번도 해본 적이 없었다.

경정 여왕전에서의 우승을 시작으로 일간스포츠 배 준우승, 연승 행진과 나의 오르막! 누구라도 부러워할 만큼 정상에서 맘껏 누리며 많은 사람을 곁에 두기도 했던 시절이 있었다. 내 나이에서 이 정도의 성공은 없다. 생각할 만큼 난 그 무엇도 부럽지 않은 경정 선수 생활을 이어 갔다. 하지만 내려오는 길은 어떠한 계단도 없었다. 실컷 올라봤으니 이제 내려오라는 신의 계시였을까? 연이은 부상과 사고로 선수로서의 성적뿐만 아니라 주변의 사람들도 떠나가기 시작했다. 당시 뒤도 보고 싶지 않았던 마음에 나는 미련 없이 마지막 경주에서 스스로 떠날 준비를 했다.

　지금에 와서야 마음 놓고 솔직한 내 마음을 터놓으니 기분이 좋다. 긴 세월 동안의 스피드를 놓는 순간 나는 눈물 한 방울 나오지 않을 정도로 멋있게 내 모든 경주 장비를 버리고 미사리 경정장 철문을 나섰다.

　하지만 질긴 인연이었을까? 떠난 지 일주일도 되지 않았을 무렵 다시는 돌아가지 않을 것 같던 그곳에서 누구보다 나를 찾고 있었다. 다시 그 우물 안으로 들어가고 싶지 않았지만, 공무원이라는 달콤한 귓속말에 면접을 보고 장비운영과에 입사했다.

　경정 운영본부 장비운영팀! 소위 말하는 준공무원의 탄탄한 밥그릇을 차지했다. 하지만 내가 생각했던 그곳은 여전히 같았다. 보장된 정년, 국민체육진흥공단이라는 타이틀이 나에게 무슨 의미가 있었을까? 어떠한 발전도 없을 것이라는 막연한 생각이 들면서 나는 진짜 그곳을 떠났다.

　지금 내가 있는 이곳이 바로 많은 사람의 만류 속에 떠나온 제2의 고향 창원이다. 30대 중반 캐리어 하나 들고 부산밖에 모르던 내가 창원까지 온 순간은 내 인생의 전환점이었다.

　낯선 땅에 발을 디딜 수 있게 도와줬던 분은 바로 지금의 내 가장 큰 정신적 지주 박비주 대표님이다. 누구보다 나를 지지해주며 확신을 준 사람이다. 스피드는 즐겨봤지만 어떤 자리에서든지 나서서 이야기하는 걸 좋아하지 않았고 그 흔한 수상소감, 인터뷰 한번 하는 것이 너무 힘들어 줄곧 도망을 다니던 나였기에 반신반의했던 마음 역시 갖고 있었다.

하지만 대표님은 예전의 나를 잊을 만큼 믿음과 확신을 주었다. 지금 생각해 보니 '내가 그 정신으로 신앙심을 가졌다면 교회를 세우지 않았을까?' 라는 생각도 든다. 그때부터 나는 창원과 시흥을 오가며 학원 소파에서 쪽잠을 청하면서 스피치 양성 과정을 배웠다. 스피치 과정의 배움은 곧 수익화로 이어졌고 문화센터와 트윙클 키즈스피치 수업을 맡게 되었다. 내가 즐기면서 돈을 벌 수 있는 일이 있음을 인생 30대 중반에 처음 알게 되었다. 트윙클 키즈 스피치 덕분에 내 인생의 전환점을 맞게 되면서 나는 선생님, 강사라는 이야기를 들으며 내 직업을 당당하게 말할 수 있게 되었다. 이 직업을 선택하기 전 모터보트 선수로 살 때는 한 번도 자신 있게 말해 본 적이 없었다. 국민체육진흥공단 소속 운동선수였지만 사행 스포츠라는 인식으로 눈총을 사기도 하고 승부 조작을 해보자는 달콤한 속삭임도 들어 본 경험이 있었기 때문이다.

스피치 강사로서의 인생 2막을 걸으며 토요일 하루는 밥 먹을 시간이 없어 김밥을 들고 다녔고, 그 김밥 한 줄도 먹을 시간없이 하루를 꽉 찬 강의로 보내기도 하였다. 모든 것이 내 인생 1막과는 대조되었다. 시합 나가지 않는 선수들과 함께 밤새 술을 마시기도 하고 그다음 날은 숙취로 하루를 보내기도 했던 내가 김밥 한 줄에 희열을 느끼고 내 성장의 속도를 느끼고 있었다. 이렇게 나는 서서히 트윙클 스피치에 스며들며 자리매김하는 시간을 즐겼다.

20평 남짓 작은 공간에서 교습소부터 시작해 박비주 대표님과 함께 트윙클 스피치를 기반으로 지금의 트윙클 컴퍼니를 만들고 교육컨설팅 회사를 이끌어 가기 시작했다.

트윙클 컴퍼니는 처음도 지금도 간판이 없다. 햇수로 10년간 창원에 대표 교육컨설팅 회사로 자리 잡으면서 SNS와 블로그 마케팅으로 지금까지 기틀을 마련하였고, 소문과 소개로 연이은 발걸음이 이어지고 있는 매력적인 곳이다. 작은 모터보트 하나에 의지해 남들과 경쟁하며 늘 긴장 속에 살던 나는 이제 어디에도 없다. 나는 트윙클 컴퍼니 부대표로서 당당하게 입지를 굳혔다.

2

15년 물속 세상이 전부인 줄 알 뻔했다

#미사리 경정장 물속 개구리 서환희

우물 안에서 시작했던 나의 첫 사회생활이 총 햇수로 15년! 성인이 된 후 줄곧 미사리 경정장에서 나의 모든 것을 함께 했다. 삶의 일부분이 아닌 모든 것이 경정이었고 늘 나의 곁에 있는 사람은 시합이 있는 선수, 시합이 없는 선수, 훈련 가는 선수로 나뉘었다. 경정은 사행 스포츠 (작은 모터보트 6척으로 순위를 가르며 베팅을 하는 일종의 겜블스포츠) 라는 인식이 강해 외부로부터의 엄격한 단절 생활을 해야 했다. 타인의 친절도 색안경을 한번 끼고 의심하고 확인해 봐야 하는 선수라는 직업이기에 나의 인간관계는 폐쇄적이었다. 우물 안에는 채 160명이 되지 않는 물속 개구리들이 있었다. 개구리들과 함께 정해진 상금을 두고 지지고 볶는 경쟁 사회 구도를 만들어 가는 것은 약육강식의 삶에 딱 맞았다. 나의 이 생활을 모두 이해해 주고 내 이야기를 들어줄 사람은 사회에 나가 있는 고등학교 단짝 친구 둘뿐이었다.

잠깐 우물 밖을 나와 생활했던 시기는 아이를 낳고 친정 부모님에게 6개월 된 아이를 맡기고 또다시 물속 세상으로 돌아간 것이 전부였다. 29살에 세상이 무너질 것 같은 인생의 고비도 겪으며 다시는 일어나지 못할 것이라는 짓눌림 속에 살아도 보았다. 매일 이어지는 순위 경쟁과 정해진 상금 안에서의 수익 다툼…. 그 경쟁이 곧 수익이 되니 말 못 한 스트레스가 내 안에 쌓여 왔다. 시합 나가기 전 몇 등을 해야 돈을 벌 수 있는지 경주 전 착순을 확신해야 하는 극심한 스트레스로 갑상샘 항진증 진단을 받았다. 심각한 항진증 진단에 건강 이상 신호를 발견했지만 나는 물속 세상 바깥으로 나오는 방법을 몰랐기 때문에 여전히 우물 안에서 점프를 하며 제자리 뛰기를 하고 있었다. 더 강한 약을 먹거나 치료를 하지 못했던 이유도 약물 검사를 위해 약을 골라서 처방받아야 하는 상황이었기 때문이다. 갑상샘 항진증은 겉모습으로 보이는 질병이 아니었기 때문에 5년 정도 공주병 같은 시간을 보내며 아프다, 피곤하다, 힘들다는 소리 한번 제대로 내지 못하고 온전히 겪어내야 했다. 나는 쉴 수 없었다. 지금 생각해 보면 나는 천장 위에 걸려 있는 돼지 저금통 안 상금을 차지하려고 오징어 게임을 하는 0309번호 중 한 명이었다. 혹여 아프다고 쉬게 된다면 아웃! 곧 아무 수익도 없이 그 경주를 보내 버려야 했기 때문이다. 만약 지금이었다면, 극심한 스트레스를 받아가며 항진증과 싸울 일도 없겠지만, 똑같은 상황이라도 다른 강사님께 내 자리를 맡기며 건강관리도 할 수 있었겠다는 생각도 하게 된다….

#물속 세상

내 주변에는 물속 세상에 사는 사람들이 전부였다. 간혹 다른 일을 해보려고 병행을 하는 선수들도 있었지만, 그 선수들은 마치 두 마리 토끼를 다 잡을 수 없다는 걸 내 눈으로 확인시켜 주기라도 하듯 하나둘씩 곤두박질쳤다. 시합을 놓치게 되거나 혹은 선택했던 다른 일을 놓치게 되거나 둘 중 하나였다. 선수들은 누구보다 시간 효율성이 좋았다. 시합을 가지 않거나 훈련 신청을 하지 않으면 1주일 혹은 2주일도 나만의 시간을 만들 수 있다. 내가 가끔 하는 후회는 지금의 이 마음과 성장한 나의 속도를 경정 선수였을 때 갖고 있었다면 좀 더 나은 우물 안 생활을 보내지 않았을까 하는 것이다. 하지만 나는 지금의 내가 여기까지 오면서 성장해 온 시간이 그 과정을 거치며 내면의 크기도 커졌기 때문이라고 생각한다. 그때의 내가 없었다면 지금의 나도 없었을 것이다. 그 시간 속에 속절없이 두 발을 담그고 빼지 못하고 있던 내가 있기에 값진 경험이라 이야기하며 그 시간을 즐겼다고 할 수 있다.

속절없이 흘러갔던 시간이 이렇게 성장할 수 있는 좋은 발판이 되어 주었고, 평생의 파트너를 만날 기회가 되었다.

경정 선수로 생활하면서 많은 우승을 거머쥐며 경주정 위에 올라 우승 상금 팻말과 트로피를 들고 인터뷰를 하던 벅차오름도, 가족에게 자랑이 되었던 그 순간들도 지금의 내가 나를 이길 수 있는 발판이 되었다.

하지만 오롯이 정상에서 느꼈던 최고의 순간들은 나의 진짜를 채워주지 못했었던 것 같다. 더 채우고 싶었고 더 단단해지고 싶은 마음은 겉으로 드러나기 시작했다. 내 안의 아이가 더 크게 소리치고 있었다.

나의 이런 마음을 알았는지 친정 엄마는 당시 용하다는 점집도 찾아다니며 나의 떠버린 마음을 잡아 주려고 애를 쓰시기도 했다.

물 밖으로 나오고 싶은 생각을 하며 같은 자리에서 매일 매번 연속으로 점프를 했다. 나의 에너지들이 강한 움직임을 보이니 바깥세상까지 보였다. 점프 실력은 늘어났지만 마음이 떠났다는 것을 증명하듯 나의 흔들림은 성적으로 나타났다. 나는 바닥을 향해 하위권 선수로 전락했다. 모든 불행은 함께 온다는 말대로 우물 안 개구리들은 내 성적에 따라 하나둘씩 떠났다. 그만큼 부딪쳐야 할 것들이 많아지면서 더욱 살아남고 싶다는 강한 열망을 느꼈다.

정해진 상금 하나를 두고 고객들의 시합을 나가 1위부터 6위의 순위에 따라 월급을 받는 직업 경정 선수가 현재 수익을 크게 벌기엔 적합할지 몰라도 도박이라는 괴리감이 늘 나를 힘들게 했다. 이 과정이 있기에 지금의 내가 영향력 있는 강사로 선수 생활때보다 더욱더 크게 성장한 자존감을 보여 주고 있는 게 아니냐는 생각이 든다.

우물 밖의 생활을 몰랐던 내가 박비주라는 트윙클의 넓은 세상에 눈을 뜨고 발을 담근 날.

꼭 시작해야겠다는 나의 마음의 신호대로 움직였다. 달라질 것이라는 확신은 곧 눈으로 보이고 아이들의 행동에서도 조금씩 나타나기 시작했다. 나의 변화가 곧 아이들의 변화였고, 성장이었다. 물밖에서의 성장 속도는 나에게 큰 변화였다.

3

원래 못하는 아이는 없다

#우리 아이는 원래 부끄러움이 많아요

키즈 스피치 상담을 하면서 저자가 가장 많이 듣는 "우리 아이가 원래 부끄러움이 많아요."라는 말. 가장 듣기 안타까우면서도 한편으로 내 마음속에 씩 미소가 지어지게 하는 말이다.

나는 알고 있다. 세상에 원래 못하는 아이는 없다. 부끄러움을 갖고 태어난 아이들은 없다. 아이들은 저마다 마음에 보석 하나를 갖고 태어난다. 그 보석을 어떻게 발견해 줄 것인지가 부모의 역할이다. 이 역할이 곧 나의 역할이고 사명이기도 하다. 원래 부끄러움이 많은 아이는 없다.

아이들과 수업을 하다 보면 가끔 아이들이 이런 말을 한다. "우리 엄마가 저는 부끄러움이 많대요." "우리 엄마가 저는 소심하대요."
헉하고 뼈 때리는 말이었다. 아이를 성장시키는 건 부모의 말이다.
부모의 말대로 아이가 커가고 있다는 것을 증명이라도 하듯 아이는
그렇게 성장하고 있다. 엄마의 온실 속 화초처럼 말하는 대로 크고
있으며 부모의 내비게이션대로 방향을 설정해 놓은 목적지를 향해
가고 있다.

　말의 힘은 위대하다. 트윙클 컴퍼니 키즈 스피치는 놀이 위주의
수업이다. 아이들에게 직접 눈으로 보여 주고 느끼게 해 주는 노 주
입식 교육, 양파 수업을 토대로 말의 힘을 느껴 보기도 했다. 같은
양파를 깨끗이 씻어 일회용 용기에 담아 나쁜 말만 먹는 양파와 예
쁜 말만 먹는 양파를 정해 놓았다. 모든 수업은 아이들의 방향대로
움직인다. 양파들의 이름도 아이들 마음껏 지어 준다. 아이들은 말
의 힘이 위대하다는 것을 눈으로 실감한다.

　상담 중에는 말을 더듬는 아이, 앞뒤 없이 말하는 아이, 부끄러
움이 많은 아이, 인사를 못 하는 아이라서 스피치를 다니고자 한다
는 얘기를 듣는다. 하지만 원래 말을 더듬는 아이도 없고, 원래 인사
를 못 하는 아이는 없다. 아이들은 한 끗 차이다. 아주 작은 물꼬 하
나만 틔워 주더라도 댐에서 폭발하듯 물이 쏟아진다. 태어날 때부터
말더듬이, 부끄러움쟁이로 태어난 아이는 없었다.

#스피치가 경쟁력이 되는 시대

스피치는 곧 경쟁력이다. 세상에는 말이 필요 없는 순간이 단 한 순간도 없다. 태어나서 어린이집, 유치원을 통하면서 우리의 사회생활이 시작된다. 어느 정도 사회적 지위에 올랐다 한들 말이 필요 없는 순간보다는 오히려 더 많은 지도와 리더십을 발휘해야 하는 순간이 온다.

80년대를 지나온 나의 시대는 웅변의 시대였다. 웅변과 스피치. 시대에 따라 변해왔지만, 웅변이 본인의 주장만 펼치며 큰 목소리로 청중에게 이야기 주제에 관해 말하는 것이라면 스피치는 창의 융합형 인재에 맞춘 컨설팅이라고 이야기하고 싶다.

키즈 스피치 컨설팅을 시작하면서 나는 남다른 사명감에 불타올랐다. 아이의 성장이 곧 나의 성장으로 다가왔고 아이가 보여주는 1도의 온도 변화에도 민감하게 반응했다.

트윙클 키즈 스피치는 다르다. 다르다고 자신 있게 이야기할 수 있다. 같은 커리큘럼으로 모두 동일하게 아이들에게 주입식 정보를 주는 수업이었다면 지금의 트윙클은 없었을 것이다. 발표하더라도 아이의 성향에 따라 이끌어 줌이 달라야 하고 아이의 눈빛, 표정, 손끝, 발끝의 움직임도 예의주시해야 한다. 아이들에게는 각자의 방식이 있고 태어난 기질이 있다. 어떤 아이에게는 발표의 시간이 즐거움으로 다가올 수 있지만 어떤 아이에게는 두려움으로 다가올 수 있다. 부모님의 입장에서 생각해 본다면, 갑작스러운 자기소개에 벌떡 일어나 할 수 있는 부모님이 어디 있을까? 아이도 마찬가지다. 혹은 더 큰 두려움으로 다가올 수 있다는 것을 잊지 말아야 한다.

많은 부모님이 '어떻게 하면 우리 아이가 말을 잘할 수 있을까?'라는 고민을 한다. 그러기 위해서는 어떤 스피치 컨설팅을 받아야 하는지가 가장 중요하다. 표현을 잘하는 아이, 말 잘하는 아이로 성장하기 위해 많은 논술 학원, 토론 학원에 다니기도 하지만 우리 아이의 타고난 기질과 흥미 속도에 맞춰 스스로 생각 근육을 키울 수 있게 도와주는 것이 가장 좋다.

시대에 맞춰 스피치가 곧 경쟁력이 되는 시대이다. 아이들의 교과서를 보더라도 스피치로 적용하는 영역이 더욱 크게 넓어지고 있다. 스피치는 나의 능력을 제대로 표현하는 것이다. 스피치는 말하는 사람의 인격을 보고 재능을 평가하는 척도가 된다.

성공하는 사람은 팩트 있는 스피치를 할 수 있어야 한다.

#성장하는 아이들

아이들의 눈에 띄는 성장 속도는 곧 나의 원동력이다. 트윙클 키즈 스피치를 찾는 많은 학부모님과 아이 중에는 아이 스스로가 배우고 싶다고 해서 찾아오는 경우도 있지만, 아빠의 권유로 오는 아이들도 많다. "스피치를 시작하면 언제까지 해야 하나요?", "언제쯤이면 아이가 변화하는 것을 볼 수 있나요?"라는 질문에 나는 학부모님들께 이렇게 말한다. 아이들은 보이지 않는 물병과 같다고….

보이지 않는 물병에 아이마다 채워 오는 물의 양이 모두 다르기 때문에 트윙클 스피치에서 지속해서 물을 부어 주고 아이의 물병이 넘치면 그 쏟아지는 물의 양은 엄청나다고 이야기한다. 우리는 작은 컵에 있는 물을 쏟아도 컵에 있던 물의 양과 컵 밖으로 쏟아져 나온 물의 양은 확연히 다르다는 것을 안다. 이처럼 아이의 성장은 차고 넘친다….

성장의 재미와 스피치 방법을 놀이로 배운 아이들은 표정부터 달라진다. 엘리베이터에 내려서 뛰어 들어오는 발걸음이 다르고 인사하는 목소리 톤에서 생기가 돈다. 사랑한다는 표현을 하고 나를 안아주는 사랑까지 전해 주기도 한다. 아이들에게 스피치는 곧 자존감이고 자신감이다.

4

환희 선생님 찾고
환히 웃는 학부모님

#트윙클 스피치는 눈물 보따리

트윙클 스피치에는 상담 준비 목록이 있다. 상담지, 수강생 준수 사항, 명함 그리고 휴지.

언제부터인지 휴지는 늘 상담하는 탁자 한켠에 자리 잡고 있었다. 우리의 상담 스토리에는 또 다른 시리즈의 책으로 펴낼 만큼 많은 에피소드가 있다. 트윙클 스피치 선생님은 모두 기혼자이다. 또 다른 특징은 아이들을 사랑하게 된다는 것이다. 부모의 입장이 되어서 아이의 눈높이에 따라 상담을 하다 보면 어느새 울컥! 하고 왜 눈물이 나는지 모를 이상한 힘에 이끌린다고 한다. 가끔은 상담자인 나도 눈물을 흘릴 때가 있다. 진심은 통한다는 것이 여기서 나오는 말이 아닌가 싶다. 수업 전에는 세상의 온갖 시름과 걱정을 안고 오시는 학부모님들도 계신다. 짧게는 30분 길게는 최장 2시간의 상담이 이어진다. 그 길고도 짧은 시간 나는 온 마음을 다해 상담한다. 이 마음 덕분인지 진심 덕분인지 상담을 하고 가시는 부모님의 환한 얼굴을 보고 나면 마음의 감사가 고스란히 전해진다. 기적이 일어나는 간증의 자리처럼 부모님들의 후기가 이어지는 이유가 여기 있다.

마음을 다하는 상담을 마쳤다면 이제부터가 진짜다. 수업 전에는 엄마의 치맛자락을 붙잡고 교실 안에 들어왔던 아이가 왜 벌써 끝나는지 묻는 신기한 일들이 트윙클에서는 벌어지고 있다. 6세부터 시작되는 스피치 수업에 눈물 콧물 흘리며 들어오는 아이들이 일주일 매일매일 스피치 수업에 오고 싶다고 말하는 마성의 매력이 있는 이곳. 바로 트윙클 스피치다.

트윙클 스피치에 찾아오는 아이들은 부모님의 걱정거리를 한몸에 가득 싣고 오는 마음 무거운 친구들이다. 부모의 마음을 아이들은 고스란히 느끼기 때문이다. 하지만 말을 안 하고 싶은 아이들은 없다. 언어 치료를 받는 친구들, 선택적 함구증 진단을 받은 친구들도 격하게 표현하고 싶고 잘하고 싶다고 한다. 언어 치료를 병행하던 친구들이 트윙클 스피치로 올인하는 이유도, 선택적 함구증인 아이가 하고 싶은 말을 할 수 있는 것도 트윙클 스피치의 차별화된 수업 덕분이라고 말하고 싶다.

#엄마가 주는 최고의 선물 트윙클 스피치

트윙클 스피치 프로그램은 차별화되어 있다. 바른 발성과 정확한 발음은 스피치 커리큘럼에 당연히 포함되어야 한다. 하지만 그 외에도 아이들의 의사소통 능력을 향상하며 바르게 표현하는 아이로 성장하는 것이 진짜 목표이다.

아이들의 성장 단계와 발달 상황에 따라 아이들의 능력을 향상하는 스피치는 모두 다르다. 같은 커리큘럼이라 하더라도 아이들에게 주입식이 아닌 놀이로 다가가야 한다.

스피치 수업은 그냥 말하기 수업이 아니다. 학교 수업의 변화와 교과서의 교육의 흐름에도 스피치가 단연 독보적이다. 책상 배열은 토론 위주의 수업이 되고 있고, 수행평가도 프레젠테이션으로 이루어지고 있다. 스피치가 스펙이 되어가고 있는 세상에 아이들의 학업 역량도 스피치에 의해 좌우된다. 학교에서의 작은 사회생활에서의 힘 또래 관계 집단에서 필수요소 스피치, 의사소통 표현능력이 가장 중요시되어 가는 지금, 다양한 스피치의 상황에 대처하는 기술과 영향력 있는 리더십까지도 이끌어갈 수 있다. 초등학교 반장선거, 학급 도우미, 회장 선거, 예비 초등생들을 위한 새 학기 증후군 퇴치하기까지 아이들의 사회생활은 스피치로 시작된다….

논리적으로 말하는 우리 아이, 웅얼거리는 습관 고치기, 큰 목소리로 발표하고 싶은 우리 아이, 또래 관계에서 내 목소리를 낼 수 있는 우리 아이, 집에서는 잘하는데 밖에만 나가면 입을 꾹 닫는 우리 아이, 코로나가 한바탕 휩쓸고 지난 지금은 마스크를 벗기 시작하면서 아이들에게 말하기가 더욱 강조되고 있는 시점이다.

세상을 살아가는 가장 큰 무기를 아이에게 줄 수 있다는 것만으로도 아이가 커가는 세상에 힘을 줄 수 있다. 우리 금쪽이들에게 세상을 향해 당당히 나를 외치는 스피치를 선물해 보자.

환히 웃는 우리 학부모님들.

환희 선생님을 만나고 나면 환히 웃는 우리 수강생 학부모님들!

아이들에게 가장 큰 무기인 스피치를 선물하고 나면 그 방법을 배운 아이들은 세상 누구보다 당당하다. 우리 아이 목소리가 맞나 싶어 확인하는 부모님, 이제는 사랑한다고 표현하는 아이들, 친구에게 하지 말라고 마음의 신호등을 정확히 말하는 아이들, 엘리베이터에서 먼저 인사하는 아이들의 변화에 환히 웃는 학부모님들.

비싼 영어 학원 보내도 스피치 대회에서 말 못 하는 아이들로 가슴 쿵쿵 내리치던 엄마들의 마음도 트윙클에서 모두 해결하고 간다는 여기가 바로 환하게 웃을 수 있는 이유라고 말하고 싶다.

5

마음속에 도깨비가 살아요

#소중이가 간질간질해요

발표…. 발표??? 발표!!! 발표라는 단어 하나만으로 여러 가지 생각이 들고 이 두 글자만으로도 누군가가 나에게 강한 열풍기를 튼 것처럼 손과 발에 땀이 나는 사람들도 있을 것이다. 이들의 키즈 스피치 대통령 나 서환회에게 발표란 아이들의 마음속에 있는 생각들을 끄집어내어 표현하고 전달하는 과정이다. 이처럼 발표는 어른, 아이 누구라 할 것 없이 두 단어만으로 심장을 뛰게 한다.

트윙클 키즈 스피치를 시작하고 문화센터에 '감성 톡톡 트윙클 키즈 스피치'라는 12주 프로그램을 시작했다. 초등학교 1학년 새 학기를 시작한 아이들의 얼굴은 긴장과 설렘, 장난스러움이 가득 묻어

나 있었다. 세상에 티 하나 없이 맑은 아이들에게 무슨 고민이 있을까? 발표할 때 마음은 어떨까? 하는 궁금함에 아이들과 함께 동그랗게 앉아 이야기를 시작했다.

"얘들아 발표할 때 기분이 어때?" 이 한마디에 책상 밑에서 양손을 바쁘게 움직이던 아이가 손을 번쩍 들면서 "소중이가 간질간질해요!"라는 대답을 했다. 때마침 옆 친구도 세상 동지를 만난 듯 "너도 그래? 나도!"라고 소리쳤다.

순간 아이들의 마음이 어땠을까? 하는 생각에 내게도 아이들의 마음이 전달되는 기분이었다. 발표할 때 아이들의 눈을 보면 마음이 보인다. '곧 눈물이 날 것 같아요.' '저 좀 도와주세요.' '선생님 손 좀 잡아 주세요.' '정말 잘해 보고 싶어요.' 발표하는 아이들 옆에 서면 아이들의 두근대는 심장 소리가 전달된다. 그럴 때면 난 마음속으로 꼭 다짐한다. '걱정하지 마. 선생님이 도와줄게.'

#트윙클 키즈 스피치에서 진짜 트윙클해지는 내 아이

"눈 피하지 말고 그 친구 보고 똑바로 걸어!" 이 소리는 트윙클 스피치 복도에서 나는 큰 소리이다. 말이 많다고 해서 말이 적다고 해서 말을 잘하고 못하고의 기준을 나누는 것은 아니다. 말만 잘한다고 해서 스피치를 잘하는 아이는 아니다. 단지 발표를 잘하는 아이일 뿐이다. 트윙클 키즈 스피치의 가장 큰 장점은 아이들에게 딱 맞는 커리큘럼을 제공하는 것이다. 원래 발표를 잘하던 아이가 어느 날 갑자기 바뀌었다는 것은 분명 이유가 있을 것이다. 어떤 이유에서든 아이들의 변화에는 원인이 있다고 생각한다.

k는 초등학교 5학년때 자신감을 찾고자 트윙클 키즈 스피치 문을 두드렸다. 엄마와 함께 찾아온 k는 여느 또래 아이들과 같이 한창 유행하는 긴 패딩점퍼를 입고 나를 찾아왔다. 고학년이 되어 정확한 표현 방법을 배우고 싶어 찾아온 아이의 눈에서 나는 다름을 느꼈다. 무엇인가 말하고 싶지만, 그 방법을 모르는 듯한 아이는 도움을 요청하는 것 같았다. 어디 집에서 소중하지 않은 아이가 있을까. 내 아이가 소중하듯 트윙클 스피치를 찾아오는 아이들 한 명 한 명도 내 눈에는 참 소중하다. 아이와 이야기를 하고 여느 또래처럼 여자아이들이 겪는 왕따 이야기를 들었다. 이야기를 듣다 보니 2시간이 훌쩍 넘어 버렸고 아이는 울다가 웃다가 콧물까지 닦아가며 모든 이야기를 터놓았다. 그리고 보니 k의 얼굴에 혈색이 도는 듯했다. 학교 폭력은 신체적인 폭력뿐만 아닌 언어적인 폭력과 감정적인

부분에서도 개입이 된다. 아이는 그날부터 나와 학교에서의 자세, 친구들을 대하는 자세까지 몸으로 익혔다. 물론 복도에서 친구의 눈을 피하지 않고 걷는 모습까지 말이다. k는 지금 중학교 3학년이 되었다. 지금도 트윙클 키즈 스피치를 찾는 트윙클의 큰딸로 자리 잡은 k는 특목고 진학을 준비하고 있을 만큼 스피치로 자신감도 찾고 친구 사이도 되찾았다.

#방금 우리 아이 목소리 맞아요?

교습소를 시작으로 지금의 트윙클 컴퍼니로 자리 잡은 시간만큼 함께한 아이들도 많았다. 밖에서도 아이들 목소리가 들릴 정도의 유리문 하나를 두고 컨설팅을 시작했던 교습소 문을 두드렸던 n은 유독 치아를 붙이고 대화를 하는 아이여서 상대방과 소통이 잘 안 되었다. 아이의 문제점 아닌 문제점을 빠르게 보고 상담이 끝난 후 수업을 이어갔다. 당시 휴게 공간이 없었기 때문에 어머니께서는 외부에서 대기하실 수밖에 없었다. 수업 시간이 거의 끝나갈 때쯤 벌컥 문이 열리고 어머님께서 들어오시면서 가장 먼저 하셨던 말씀은 아직도 내 귓가에 맴돈다. "방금 우리 아이 목소리 맞아요?" 학원 복도 모퉁이를 돌아서는데 복도를 울리는 쩌렁쩌렁한 목소리가 정말 우리 아이인가 싶어 달려왔다고 하셨다. 단 1회만의 컨설팅으로 아이에게 변화를 기대하지는 않았고 단지 스피치에 대한 중요성을 아셨기에 달려왔을 뿐이었는데 마치 병원에 와서 치료를 받은 기분까지 드셨다면서 지금까지도 소개에 소개를 해주시고 있다.

#전교 회장 정해져 있잖아요

전교 회장은 다 정해져 있잖아요! 인기 있는 아이! 말 잘하는 아이! 이미 학교에서 정해진 아이!

아니요! 하고자 하는 아이는 할 수 있습니다. "우리 아이는 소심해요. 하지만 할 수 있다는 자신감 불어넣고 싶어서 한번 해보려고요. 안 되는 건 알아요. 인기가 없거든요." 전교 회장은 정해져 있지 않아요. 나를 알리는 팩트 있는 연설문 하나로 전교회장 사로잡을 수 있습니다. 걱정하지 마세요. 아이에게 막연한 자신감보다는 진짜 스펙을 키워주는 스피치 경쟁력을 트윙클 키즈 스피치에서 배워가세요. 단 4번의 개인 컨설팅으로 아이의 오늘과 내일이 바뀐다면 시작 안 하실 수 있을까요? 처음엔 긴가민가 찾았던 트윙클 키즈 스피치 연설스피치 과정을 초등학교부터 중학교, 고등학교, 나아가 그 아이의 동생까지 준비시키는 이유가 바로 여기 있습니다.

트윙클의 딸이라고 해도 과언이 아닌
우리 [REDACTED]
저도 엄마의 마음으로 자랑합니다

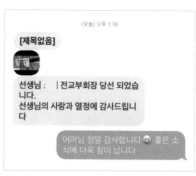

6

키즈 스피치 대통령

#아이들에게는 인기 만점 뽀로로 대통령

창원 트윙클 키즈 스피치 대통령! 아이들에게 나의 별명은 스피치 뽀통령이다. 아이들에게 트윙클 키즈 스피치 커리큘럼과 함께 진심으로 눈높이에 맞춰 다가가니 1도씩 아이들의 변화가 눈으로 보였다.

우리 아이들에게 최적화된 프로그램과 전문적인 강사를 배출하는 시스템까지. 트윙클 스피치 대통령으로 불릴 수밖에 없는 이유이다. 아이들에게 감정과 자존감 컨설팅으로 지금까지 이어 온 철칙이다. 트윙클 스피치는 6세부터 시작된다. 어린이집, 유치원에서의 사회생활을 시작으로 본격적인 아이들의 스피치 시대가 열린다. 나는 아이들에게 틀을 정해 주지 않는다. 아이들에게 정해진 울타리는 필요 없다. 마음껏 표현하고 자신 있게 나를 외치는 것이 아이들의 큰 성장을 도울 수 있다. 아이 스스로 자신의 감정을 알고 사회성을 키우고 자존감을 키울 수 있는 스피치 수업을 진행한다. 우리 아이의 사회성과 말하기는 후천적으로 바뀔 수 있다.

트윙클 스피치 학부모님들의 생생한 후기들은 언제나 나를 춤추게 한다. 아이들은 늘 소통하고 표현하고 싶어 한다. 또한 스스로 감정을 표현하고 창의성을 펼치고 싶어 한다.

트윙클에 오면 놀이도 수업이 되고, 게임도 수업이 될 수 있다. 나는 아이들의 작은 것 하나 놓칠 수 없는 키즈 스피치 대통령이다. 집에서, 회사에서, 일상생활에서까지 번뜩이는 아이디어를 놓칠 수 없고 초, 중, 고등학교 교과서도 그냥 지나칠 수가 없다. 내가 놓치지 않은 작은 것 하나가 아이들에게 큰 변화를 일으킬 수 있기 때문이다.

나는 아이들에게 영향력 있는 소통통로가 되고 싶다. 수업 이외의 시간에서도 나는 아이들의 감정 연결 통로가 되기도 한다. 나는 지금도 목이 마르다. 아이들에게 더 넘치게 채워 주고 싶은 키즈 스피치 대통령이다. 마치 진짜 대통령이 모든 국민이 잘사는 나라를 만드는 마음처럼 나도 우리 아이들이 세상에 나아갈 때 스피치로 중무장한 경쟁력 있는 사람이 되도록 돕고자 하는 마음을 갖고 있다.

일주일에 한 번 만나는 아이들 중 한 시간 거리를 달려오는 아이, 할아버지 손을 잡고 오는 아이, 아빠와 엄마 손을 잡고 오는 아이도 있다. 한 아이의 수업을 위해 온 가족이 총출동하는 때도 다반사다. 나는 지속해서 트윙클 스피치를 성장시키며 나와 같은 키즈 스피치 대통령을 전국 각지에 두고 스피치 정치를 할 것이다.

#트윙클 키즈 강사를 꿈꾸며

키즈 스피치 강사를 꿈꾸는 전국의 모든 미래 스피치 대통령에게 스피치의 블루오션에 대해 꼭 이야기해 주고 싶다.

트윙클 키즈 스피치 강사의 꿈을 꾸며 트윙클의 문을 두드리는 강사님들의 열정은 감히 말로 표현하기 힘들다. 지금도 지속적인 강사 양성 과정으로 많은 강사들이 각 지역의 문화센터부터 시작해 역량을 뻗어 나가고 있다. 문화센터에서 학부모님들의 입소문으로 이어지는 트윙클 키즈 스피치의 위력을 듣고 트윙클 키즈 스피치 본원을 찾아오시는 경우도 많다. 문화센터를 시작으로 수업했던 아이가 어느새 커서 회장 선거를 준비하러 찾아오고, 동생은 키즈 스피치 수업을 받으러, 아빠는 진급 면접을 준비하러 오시는 경우가 다반사이다. 마치 한 가족의 역사를 보는 기분이 들 때도 있다.

트윙클 스피치 강사 창업은 키즈 스피치 강사의 강점을 보고 그 강점을 살려 스피치 컨셉을 세워 아이들에게 다가간다. 트윙클 스피치만의 특화된 커리큘럼 노하우와 몸으로 익힌 상담 기능을 전수하여 스며드는 스피치 비법을 전수한다.

나 또한 아이를 키우는 학부모로서 많은 학원의 상담을 이어 왔다. 입장이 바뀌고 상대방의 입장에서 생각하고 같은 부모의 마음으로 찾아오시는 많은 학부모님과 상담을 이어 가며 마음을 나눈다.

7

강력한 why

#타고난 강사는 없다

나의 시작은 운동선수였다. 나는 태어났을 때부터 타고난 운동
선수라고 생각했다. 가족들도, 주변의 모두가 나를 타고난 운동선수
라고 했다. 나는 그렇게 나를 믿고 운동선수의 길로 갔다. 살면서 가
장 힘들다 하는 모든 일을 겪어 봤다. 지금 내 나이에 이런 이야기를
써 내려간다면 다들 그렇지 하며 혀를 차는 분들도 계시고 나 또한
겪어 봤다고 하시는 분들도 계실 것이다.

하지만 나는 내 나이 이십 대와 삼십 대로 절대 다시 돌아가고 싶
지 않다고 자신 있게 말할 수 있는 사람 중의 하나이다. 지금 내 나이
가 가장 사랑스럽고 가장 자신 있고 가장 나답다고 이야기할 수 있다.

스무 살 대학 졸업하기 전 나는 고등학교 때 IMF로 쫄딱 망해 버린 우리 집 막내에서 가장이 되어 있었다. 남들처럼 유학도 가고 싶었고, 나보다 성적도 낮은 친구들이 4년제 대학으로 편입하는 것을 보며 화장실에서 울기도 했다. 입시 학원 다닐 형편이 되지 않아 초등학교 운동장을 미친 듯 달려 보기도 하였고 친구 입시 학원에 몰래 같이 가서 연습하고 오기도 했다. 그렇게 체대에 진학하기로 마음먹고 대학교에 입학하지 못한 언니에게 미안함을 잠시 접어 두었다. 하지만 늘 마음 한쪽 편에는 돈 많이 버는 직업을 택할 거라는 굳은 각오를 하고 있었다. 그 마음이 통해서인지, 간절함 때문이었는지 나는 경정 선수로 입소하게 되었다. 스무 살 첫 월급으로 아빠의 마이너스 통장부터 갚으며 내 사회생활은 시작되었다. 부모님의 빚은 내 나이에 감당하기 어려운 빚이었지만 다행인지 불행인지 운동선수의 상금으로는 감당할 수 있는 정도였다. 당시 내가 이 길을 가게 된 것도 어쩌면 신의 계시이자 나의 운명이 아니었을까 싶다. 그때는 그렇게 원망스러웠던 내 부모님이 지금은 너무 작아 보여 죄송스럽기도 하다.

#잠깐의 상처보다 평생의 아픔

누구는 꽃다운 스무 살이라고 하지만 나는 꽃보다는 장미 가시처럼 뾰족하게 살았다. 매사에 날이 서 있었고 부모님에 대한 미움으로 가득 차 있었다. 어떻게 하면 이 집구석을 벗어날 수 있을까 라는 생각으로 살았다. 당장 눈앞에 놓여 있는 하루하루가 나에게는 상처였다. 피하고 싶은 하루는 결혼이라는 돌파구로 이어졌지만 그나마 나을 것 같던 그 돌파구는 더 깊은 곳으로 나를 끌어내렸다. 다들 '고통 총량의 법칙'이라고 하던데 총량의 법칙은 나에게 적용이 되지 않았다. 세상 누구보다 따뜻할 것 같았던 남편은 진짜 남의 편이었고, 결혼 4년 만에 얻은 갓 백일 된 아이와 함께 나는 혼자가 되었다. 신이 나한테 장난을 치셨나? 본디 타고난 부모님을 원망하는 나한테 화가 많이 나셨는지 가족에 대한 사랑을 다시 한번 깨닫게 해 주셨다. 참 신기했다. 죽도록 밉고 두 번 다시 보고 싶지 않았던 나에게 남겨진 가족은 여전히 가족이었다. 다시 일어날 수 있게 해 주는 원동력이었고 벼랑 끝에 매달린 나의 손가락 하나하나를 잡아 주었다.

당시 가족은 무엇부터 시작해야 할지 모르는 나에게 든든한 지원군이 되어 주었다. 무엇이든 새로 시작할 수 있는 용기를 주었다.

#강사! 인생의 전환점

창원! 나의 강력한 와이, 나의 고향이다. 내가 새롭게 시작할 수 있는 벼랑 끝. 그 시작이 바로 창원이었다. 타고난 강사가 없듯 원래 그런 인생은 없었다.

트윙클 키즈 스피치를 만나고 아이들과 함께 성장하는 시간 동안 아이들의 변화만 있었던 것이 아니었다. 그 속에서 내가 성장하고 있었고 나의 변화가 일어나고 있었다. 키즈 스피치로 이루어 내는 변화는 말로 표현이 안 되는 변화이다.

처음 키즈 스피치 강사를 시작했을 당시 나 아닌 누군가가 시작했다 하더라도 그 두려움은 배가 되었을 것이다. 내가 말했던 '고통 총량의 법칙'이 이제 끝났다고 자신 있게 말할 수 있는 것은 지금의 내가 있기 때문이다.

나는 마지막 장을 쓰면서 조금 더 임팩트 있는 글을 남기고 싶었다. 나에게는 다시는 들추기 싫은 상처이기도 했고, 누구에게 알리고 싶은 이야기가 아니었기에 하고 싶지 않았다. 며칠 밤을 고민했고, 글자를 쓰고 지우기를 반복했다.

하지만 앞서 언급한 일은 내 인생에 있어 아주 잠깐 지나가는, 보이지 않는 점과 같은 일이라고 생각한다. 지금은 N잡러 시대를 넘어 직업 2모작, 3모작의 시대이다. 남녀평등을 넘어서 더 멋진 엄마들도 많이 있다. 이 시대를 살아가는 82년생 김지영이 아닌 4모작을 꿈꾸는 엄마들을 응원하고 싶어 마지막 장을 써 내려간다.

태어났을 때부터 강사는 없다. 말 잘하는 사람은 정해져 있지 않다. 누구나 엄마는 처음이다. 시작만 한다면 방법은 배우면 되니 누구나 할 수 있다. 아이를 키웠던 경력은 최고의 경력이다. 24시간의 육아를 담당했던 시간을 그대로 녹여 키즈 스피치 강사로 다시 한번 우뚝 서는 시간을 노려보자.

육은혜

트윙클 면접 컨설팅 전문가로 트윙클 컴퍼니 교육실장이다. 면접 전문가로
합격생들에게 면접 여왕이라고 불리며 철저한 준비와 마인드로 면접 컨설
팅을 설계한다는 평을 받고 있다.
백배 성장하는 교육 왕국 트윙클 컴퍼니에서 수많은 면접 준비생들과의 인
연으로 백배 성장을 실현하고 있다. 시대가 바뀐 만큼 면접의 비중이 커지
고 더 많은 강사들이 함께 하길 바라며 이 책을 집필하였다.

현. 트윙클 컴퍼니 교육실장
면접컨설팅 전문가
스피치 컨설턴트
라이브커머스 교육
모바일 쇼호스트
돈빨 받는 6가지 라이브 커머스 시크릿 노트 저자

인스타그램 eu_4864
이메일 showdalla@naver.com
블로그 https://blog.naver.com/showdalla
카 페 https://cafe.naver.com/twinklespeech

Yook Eunhye

피아노는 날 대신할 수 없었다

(1)

#꿈을 꾸는 음대생

누군가에게는 로망인 클래식 피아노를 전공, 음대 4년을 공부하고 학사 학위를 받았다. 하지만 만족할 수가 없었다. 음악을 더 깊게 공부하고 싶었고 내가 가르치는 학생에게 더 많은 것을 배워서 가르쳐 주고 싶었다. 음악 학원 강사로 일하면서 대학원 입시 전쟁을 준비했다.

일하면서 입시 준비를 해야 했기 때문에 잠을 줄이고 시간을 아껴 써야만 했다.

출근 전 피아노 연습실에 가서 오전 연습을 하고 출근을 한 뒤 하루 종일 아이들을 레슨하고 다시 지친 몸을 이끌고 피아노 연습실로 향했다. 저녁부터 밤까지 레슨을 받으며 고3 입시생들과 함께 늦은 시간까지 연습하고 또 연습하였다. 주말도 예외는 아니였다. 온종일 연습실에서 살았다. 그렇지만 그 삶이 전혀 힘들거나 외롭지 않았다. 나에게는 대학원이라는 목표가 있었고 그것을 만들어 가고 있었기 때문이다. 이렇게 노력한 끝에 나는 대학원에 들어갈 수 있었다. 하지만 누가 그랬던가? 대학원은 입시가 가장 쉬운거라고..

합격했다는 기쁨도 잠시 또 숨 막히는 일상이 시작되었다. 피아노 전공으로 석사 과정을 졸업하려면 1시간 동안의 독주와 논문을 써야 했다. 그 관문을 통과하기 위해 입시 때보다 더 치열하게 연습하고 공부했다. 졸업을 못 하면 어쩌지라는 심리적 압박감과 부담 때문에 피아노 앞이 몸은 힘들었지만 침대보다 오히려 마음은 편했다.

그렇게 몇 년 동안의 노력 끝에 나는 석사 학위를 취득했다. 나는 내가 이 석사 학위를 가지고 음악 학원 원장으로 평생 잘 먹고 잘 살 줄 알았다. 지금까지 꿈과 이상을 꿈꾸며 음악이라는 특수 전공을 했기 때문에 무조건 전공을 살려 일을 해야 한다고 생각했다. 나뿐만이 아니라 사실 대다수의 음악 전공인들은 자신의 전공을 살려 일을 해야 한다고 생각할 것이다. 지금 와서 생각하면 전공이 전부는 아닌데 말이다.

#여자의 결혼

여자의 인생은 결혼으로 많은 것이 변화한다고 먼저 결혼한 선배들이 조언 아닌 조언들을 해 주었다. 나는 그 말을 듣고도 콧방귀를 뀌며 일반적인 상황과 현실에서 나만큼은 예외일 것이라고 스스로 장담하고 확신했다. 하지만 나도 일반적인 대한민국 여자였다. 거제도에 직장이 있는 남편을 만나 나의 생활을 정리하고 거제도로 갈 수밖에 없었다. 그것도 잠시, 거제도 생활에 적응할 무렵 남편의 회사에서 중국 장기 출장이 결정되었다. '그래, 내가 언제 외국에서 살아보겠어? 중국은 넓으니까 지금까지 몰랐던 것들을 배울 수 있을지도 몰라. 중국에서 지금까지 해보지 못했던 경험들을 해보고 다시 돌아오자. 그리고 내가 예전부터 꿈꿨던 잘나가는 음악 학원 원장으로 살아가자. 그렇게 해도 늦지 않아. 할 수 있어!'라고 다짐한 뒤 남편과 함께 중국에서의 생활을 시작했다. 중국에서의 생활은 나의 예상대로 많은 것들을 보고 경험하는 값진 시간이 되었다. 이제 한국으로 돌아가서 음악 학원을 차릴 일만 남았다. 그렇게 계획하며 지내던 어느 날, 중국에서부터 시작된 우한 폐렴 바이러스의 출현과 코로나 19 팬데믹 상황. 처음에는 대수롭지 않게 생각하며 중국 생활을 이어 나갔다. 하지만 머지않아 상황의 심각성을 인지하고 급하게 짐을 챙겨 한국으로 귀국했다.

#전공이 다는 아니다

한국으로 돌아오면 자의 반 타의 반이었던 경단녀의 생활을 정리하고 음악 학원을 차려 운영하며 승승장구할 줄 알았다. 이런 팬데믹 상황은 나의 예상에는 없었다. 몇 달 뒤면 괜찮아지겠지? 생각하며 하루하루 지냈지만, 점점 상황은 심각해져 갔다. 학원뿐만 아니라 학교까지 운영을 중지하고 외출을 자제할 것을 당부했다. 이 기간동안 주위에 많은 원장 선생님이 학원을 쉬고 운영하던 학원을 내놓았다. 몇 년 전 다짐했던 잘나가는 음악 학원 원장의 꿈이 무너지는 것 같았다. '이대로는 안 되는데 지금 내가 어떤 것을 할 수 있을까?'

고민하고 또 고민했다. 고민하다 보니 문득 '악기가 아닌 다른 것에 도전해 보자. 그리고 이왕 도전하는 거 나중에 학원을 운영할 때 지금 도전한 것이 꼭 도움이 되고 성공할 수 있는 것으로 도전을 하자.'라는 생각이 들었다. 그러면서 골똘히 생각해 보니 학원을 잘 운영하려면 상담을 잘 해야 하고 상담을 잘 하기 위해서는 말하기가 중요했다. 말하기가 중요하다는 것을 평소 두루뭉술하게 생각만 했었지 이렇게 마음에 뿌리를 내리듯이 강하게 와닿았던 적은 처음이었다. 당장 말하기를 제대로 배우고 싶었다.

몇 날 며칠을 인터넷 검색을 하여 스피치 아카데미로 유명한 트윙클컴퍼니를 찾아갔다. 집에서 2시간이 넘게 걸리는 거리였지만 상관없었다. 잃어버린 줄만 알았던 열정이 오랜만에 내 안에서 다시 끌어 올랐다. 학부모 상담 또한 고객과의 소통이라는 생각이 들어서 고객과의 소통, 발음, 발성, 표정, 모든 것을 한 번에 배울 수 있는 모바일 쇼호스트 과정에 등록하였다.

모바일 쇼호스트 과정을 배우면서 악기가 아닌 말로 나를 표현한다는 자체에 희열감이 들었다. 무대에서 피아노를 연주할 때처럼 내가 말을 할 때 사람들이 내 소리에 집중해 주었다. 말의 매력에 빠진 것이다. 모바일 쇼호스트 과정을 몇 달째 배우고 있을 무렵 트윙클컴퍼니에 찾아오는 다른 수강생들이 눈에 들어왔다. 분야는 다르지만 나도 누군가를 가르치던 강사였다. 강사의 눈으로 트윙클컴퍼니에 오는 수강생들을 보니 내가 가르치던 학생들과는 다름이 느껴졌다. 그들의 눈에는 간절함을 넘어서 절실함이 가득했고 그 간절함과 절실함이 온몸으로 느껴졌다. 어떤 분야를 컨설팅 받으러 왔냐고 홀린 듯이 물어봤다. 그들은 다름 아닌 취업을 준비 중인 면접생들이었다. 순간 머릿속에서 강한 울림이 울렸다. '저 사람들을 가르치고 싶다. 저 절실한 사람들을 제대로 가르쳐서 원하는 곳에 꼭 합격시키자. 그리고 좋은 곳에서 사회 구성원으로 살아갈 수 있는 첫 단추를 예쁘게 채워주자'라는, 마음속에서 결코 가볍지 않은 묵직한 사명감을 발견했다. 그날부터 나는 누군가에게 빛이 될 수 있는 면접 강사가 되기로 마음먹었다. 이때까지 전공을 살려 음악 학원 원장을 해야겠다는 생각의 틀이 깨지는 순간이기도 하였다.

살아가면서 많은 사람이 수많은 인생의 전환점을 겪을 것이다. 어느 시점이 인생의 전환점인지 정확하게 알 수는 없지만 지나고 보면 '그때가 나의 인생의 전환점이었나 보다'라고 느낄 때가 있다. 이 전환점을 다른 말로 기회라고도 한다. 기회는 얼굴에 써 놓고 다가 오지 않는다. 소리 소문 없이 살짝 다가왔다가 훨훨 날아가 버린다. 그래서 기회는 인생에서 아주 큰 역할로 작용한다. 나는 인생의 기회이자 전환점을 만난 것이다.

2

눈물과 노력보다
차비가 더 들었다

#터미널

    다양한 대중교통 중에서도 사람들은 시외버스를 보면 무슨 생각
이 가장 먼저 들까? 학교와 직장을 다닐 때 많이 타는 시내버스와는
달리 설레는 추억들이 다들 하나쯤은 떠오를 것이다. 그렇지만 나
는 설레는 추억보다 시외버스 안에서 수없이 고민하고 갈등한 작은
내 모습이 마음속 한 켠에 남아 있다. '면접생들을 잘 가르쳐서 우리
나라의 좋은 사회 구성원이 될 수 있게 만들고 주고 싶다.'라는 무거
운 사명감과는 다르게 현실은 남편의 지원을 받아서 다시 공부해야
하는 주부였다. 사명감을 결실로 이루기 위해서 지금 내가 당장 필
요한 것은 열정도 따뜻한 마음도 아닌 면접 강사 양성 과정 수강료

였다. 돈 한 푼 쓰는 것이 왜 이리도 남편에게 미안하고 눈치가 보이는지… 경단녀 주부들은 다들 공감할 것이다. 몇 날 며칠을 고민하던 끝에 남편에게 새로운 나의 계획과 함께 면접 강사가 되고 싶다고 한 번만 더 도와 달라고 이야기하였다. 다행히 나를 지지해 준 남편 덕분에 트윙클 컴퍼니에서 면접 강사 양성 과정을 수강할 수 있었다. 하지만 수강료 이외 강의를 들으러 가는 차비 또한 만만치 않았다. 내가 사는 곳은 거제도. 전국에서 가장 도로비가 비싸다는 거가대교가 있는 곳이다. 도로비에 기름값까지 교통비마저 남편에게 부담을 주기는 싫었다. 일주일에 몇 번씩 시외버스를 타고 왔다 갔다 하는 나를 옆에서 지켜보던 사람들은 수시로 나에게 이렇게 말했다. "하루에 몇 대 있지도 않은 시외버스 시간 맞춰서 타고 다니기 힘들지 않아? 차라리 차를 운전해서 다녀" 힘들어 보이는 나를 위해서 해 주는 말이지만 차마 그럴 수 없었다. 거리가 있다 보니 왕복 버스비 또한 싼 것도 아니지만 한 푼이라도 아껴 남편의 부담감을 덜어 주고 싶은 마음이었다. 그리고 그 시외버스 안에서 매번 굳은 마음을 다짐했다. '꼭 능력 있는 강사가 되자! 나를 지지해 준 남편에게 경제적으로 도움 줄 수 있는 능력 있는 와이프가 될 수 있도록! 처음 마음먹었던 대로 타인의 성공을 도울 수 있는 능력 있는 강사가 될 수 있도록! 능력 있는 면접 강사가 되자!' 한 번 갈 때 차비만 몇만 원에 수강료만 수십만 원인 강의를 들으러 갈 때마다 버스 안에서 마음속에 있는 단단한 바위에 새기고 또 새겼다. 지나고 되돌아보니 이 시외버스 안에서의 가볍지 않은 시간과 마음이 나를 더욱 단단하게 다질 수 있게 했다.

#차비보다 간절한 마음

간절하고 절실한 눈빛의 사람을 도와주고 싶어서 시작한 면접 강사의 길. 어느 날 거울을 보니 그들보다 더 간절한 눈빛을 한 내가 나를 바라보고 있었다. 나는 성공하고 싶었다. 면접 강사로 멋지게 성공하고 싶었다. 하지만 불안했다. 초조했다. 내가 오랫동안 공부한 것을 내려놓고 면접 강사의 길을 선택한 것이 잘한 일일까? 라는 의심이 들었다. 의심이 드니 당연히 불안이 밀려왔다. 그 순간 '아! 이런 불안함과 절실한 마음을 가지고 면접생들이 컨설팅을 받으러 오는구나!'라는 생각이 들었다. 면접 강사 공부를 하면서 면접을 준비하러 오는 취준생들의 불안하고 절박한 마음을 나도 느끼게 된 것이다. 다시 한번 초심을 생각하며 나에게 컨설팅을 받으러 온 수강생만큼은 꼭 합격시킨다는 자세로 공부하게 되었다. 트윙클 컴퍼니 대표님에게 직접 면접 강사 양성 과정을 들으며 그동안 쌓아왔던 대표님의 면접 컨설팅 노하우를 1:1로 전수받았다. 수업이 끝나고 나서도 집에 바로 가지 않고 대표님 옆에 책상을 두고 계속 질문하고 공부했다. 오죽했으면 다른 수업을 들으러 오는 동생들이 "언니 아직 집에 안 갔어요? 진짜 무서운 언니다"라고 말을 할 정도였다. 한번 결심하고 시작하면 온전히 집중하고 끝장을 보는 성격이 제대로 한몫을 하였다. 밤낮을 가리지 않고 면접에 나오는 필수 예상질문과 기출문제에 대한 좋은 답변을 생각하고 또 생각해 냈다. 그리고 면접에서 질의응답 시간보다 더 중요한 시간인 1분 자기소개 시간! 면접장에 가게 되면 무조건 해야 하며, 첫인상까지 결정짓는 황금 같은 1분을 면접생들이 제대로 활용할 수 있도록 자기소개서를 쓰는 비법이 있었다. 그저 그런 평범한 자기소개서가 아닌 개개인의 캐릭터를 살린 1분 자기소개서를 쓰는 노하우까지 아낌없이 가르쳐 주시고 가르쳐 주시는 대로 열심히 배웠다. 면접생들의 마음으로 잠자는 시간조차 아까워서 줄여 가며 오직 한 명에게 딱 맞는 맞춤형 자소서를 쓰는 연습을 하고 또 하였다. 그리고 열정 하나로 공부하고 매달리면서 다시 깨달았다. 내가 얼마나 면접 강사로 성공하고 싶어 하는지. 나에게 오는 면접생을 얼마나 합격생으로 만들고 싶어 하는지.

많은 사람이 면접 강사가 되기 위해서 도전한다. 하지만 어떤 신념을 가지고 시간을 쌓아 가느냐에 따라 완전 다른 모습으로 성장한다. 면접생들의 마음을 헤아려주고 합격을 사명감으로 여기는 강사로 성장하는 강사가 있는 반면에 절실한 그들을 오직 돈으로 보는 강사로 성장하는 사람도 있다. 이런 사람은 면접 강사의 길이 너무 멋지고 의미 있는 직업이지만 당신의 길은 결코 아니니 아예 시작하지 않았으면 좋겠다. 면접 강사라고 다 똑같은 면접 강사는 아니니 말이다.

3

절박 아니 절실

#절박한 만큼 찾아온 운

면접 강사가 되기 위해 힘들게 시작하고 노력한 대가만큼 출발점부터 운이 좋았다. 면접 강사 양성과정을 공부한 트윙클 컴퍼니와 함께 일을 하게 된 것이다. 면접 강사 양성과정을 끝내고 '혼자 강사의 길을 개척해 나가야 하나?'라는 막연한 생각이 들 때쯤이었다. 대표님께서 "트윙클과 함께해보실래요? 저 아무에게나 함께 일하자는 제의 안 해요. 제 성격 아시잖아요."라고 하셨다. 내 마음을 어떻게 아셨을까? 트윙클과 함께 일하고 싶었던 마음을… 그동안 면접 강사가 되기 위해 앞만 보고 달려왔던 지난 시간을 보상받는 느낌이었다. 면접 강사 양성과정을 수료한 직후 면접 강사로 성공

차선을 타고 있는 트벤져스 팀에 합류할 수 있었다. 나도 트벤져스가 된 것이다.

　트벤져스에 합류하고 곧바로 면접 강사로서 좋은 기회들이 많이 찾아왔다. 몇 년을 면접 강사로 브랜딩이 잘 되어야만 갈 수 있다는 고등학교 입시 면접 출강의 기회도 생겼다. 고등학교에서 입시 면접 강사로 그것도 전임 강사로 코칭할 수 있는 기회였다. 그날은 잠이 오지 않았다. 떨리는 마음보다 '이제 진짜 시작이다'라는 설레는 마음이 더 컸다. 대학 입시 면접 일선에서 꽤 긴 시간 동안 고등학생들을 가르치며 학생들과 교감하니 그 무렵 사람을 가르치는 실력이 내가 생각해도 한층 성장했다는 생각이 들었다. 좋은 기회는 그뿐만이 아니었다. 외부 출강은 외부 출강대로 나가면서 트윙클 컴퍼니로 찾아오는 수강생들 덕분에 내부 컨설팅에서도 많은 기회가 생겨났다. 공무원을 준비하는 수강생들, 군무원을 준비하는 수강생들, 대기업을 준비하는 수강생들, 대입을 준비하는 수강생들. 다양한 직업군과 학교, 학과에서 면접을 준비하기 위해 트윙클컴퍼니를 찾아왔다. 몇 십 명이 한 번에 듣는 강의식 수업이 아닌 오로지 한 사람을 위한 맞춤형 면접 컨설팅의 시스템이라 정말 바쁜 시간의 연속이었다. 그 시기에 나는 일이라는 큰 파도가 밀려왔을 때 머뭇거리다 파도에 휩싸여 바다 밑으로 가라앉는 것이 아니라 기회를 잡고 파도에 올라타 서핑을 한다는 마음으로 파도처럼 밀려오는 일을 즐겼다. 그리고 일이라는 파도에 올라타 서핑을 즐긴 만큼 통장의 수입도 쌓여 갔다. 결혼 후 몇 년 만에 내가 일을 해서 나의 이름으로 된 통장으로 돈이 쌓여 가니 그동안 낮아졌던 자존감도 함께 올라갔다. 지금의 나는 나의 꿈을 적극적으로 지지해 주며 물질적으로도 정신적으로도 응원해 주었던 남편에게 내가 번 돈으로 맛있는 것도 사줄 수 있고 선물도 사줄 수 있게 되었다. 나의 가정생활에 보탬이 되고 가끔 친정 부모님과 시댁 부모님께도 내가 일을 해서 번 돈으로 감사를 표현할 수 있는 사람이 어느 순간 되어 있었다.

#절실한 나에서 지금의 나

사람들은 이야기한다. 자기가 가진 직업을 즐기면서 하는 것보다 복받은 것은 없다고! 면접 강사의 일을 즐기면서 거기다가 사명감까지 가지고 일을 하니 수강생들에게 더 나은 코칭 방법은 무엇일까를 항상 고민한다. 그리고 합격이라는 두 글자를 목표로 수강생들과 함께 면접을 준비해 나간다. 처음 면접 컨설팅을 받으러 올 때 절박하고 절실한 눈빛으로 "저 진짜 말을 잘 못 해요. 면접장만 가면 머리가 새하얗게 돼요."라고 말하는 수강생들도 컨설팅을 받고 면접장에 갈 때는 "저 잘하고 올게요!", "합격하고 오겠습니다."라며 면접장으로 향한다. 그리고 면접이 끝나고 나면 합격이라는 한 가지 목표로 온 힘을 다해 함께 달리며 마음을 나눴던 수강생들에게 전화가 온다. 마치 엄마에게 전화하듯이 나에게 전화를 한다. 외부 출강을 나가 있던 어느 날이었다. 면접을 보러 간 수강생에게 전화가 왔다.

평소처럼 수강생과 통화를 하고 전화를 끊으니 옆에 있던 다른 선생님이 나를 보며 "통화 목소리에서 꿀이 떨어져요. 목소리만 들어도 사랑이 느껴져요."라고 이야기를 해 주셨다. 진정으로 수강생들의 합격을 도우며 함께 성장해 나가길 원하는 나의 선한 영향력과 선한 의도가 나도 모르는 사이 행동으로 나왔던 것이라 생각을 한다.

　면접 결과 발표가 나는 날이면 컨설팅을 받았던 수강생에게 기분 좋은 소식도 전해 듣는다. 문자와 전화로 '선생님 덕분에 합격했다는 감사 인사가 온다. 면접 강사로서 이것보다 뿌듯하고 온몸에 전율이 흐르는 일이 뭐가 있을까? 지금의 나는 내가 원하던 타인에게 선한 영향력을 줄 수 있는 삶을 살고 있다. 내가 만일 시외버스를 타고 다니며 그때 상황이 힘들다고 면접 강사의 길을 포기했다면 지금의 나는 무엇을 하고 있을까? 남편에게 미안해서 꿈을 포기하고 수강비를 지원해 달라고 말하지 않았으면 어떻게 됐을까? 면접 강사 양성과정 공부가 어렵다고 공부를 소홀히 했다면 어떻게 됐을까? 생각만 해도 서글퍼진다. 성공은 모든 환경적 조건이 다 갖춰져야만 할 수 있는 것은 아니다. 정확한 목표와 꿈이 있고 사람들에게 선한 영향력을 주기 위해 노력한다면 당장은 힘들고 어렵지만, 반드시 자신만의 성공의 차선을 찾을 수 있을 것이다.

4

희망 아니 합격

#정답을 알고 있는 무의식

성공자의 마인드로 바꿔야 진정한 성공자가 될 수 있다는 말이 있다. 면접도 마찬가지다.

합격자의 마인드로 바꿔야 진짜 합격자가 될 수 있다. 사람의 행동은 90%가 무의식적으로 행동하는 것이다. 모든 행동을 스스로 통제하고 결정하는 것 같지만 대부분은 의식이 아닌 무의식적인 습관에 따라 행동한다. 이 무의식은 면접장에서도 나타난다. 이미 합격자의 마인드로 면접에 임하면 질문에 대한 답변도 합격자의 시선에서 답하게 된다. 답변뿐만이 아니다. 합격자의 마인드로 면접을 보게 되면 얼굴의 표정과 행동에서도 합격자의 모습이 나타난다. 미국

캘리포니아 UCLA 대학교의 심리학과 명예 교수인 앨버트 메라비언 박사의 유명한 연구 결과가 있다. 박사의 연구에 의하면 메시지를 전달할 때 말의 내용은 단지 7%밖에 차지하지 않으며, 나머지는 비언어적인 요소인 시각이 55%, 청각이 38%를 차지한다고 한다. 이 법칙이 그 유명한 메라비언의 법칙이다. 메시지를 전달할 때 말의 내용보다는 시각적인 요소와 청각적인 요소가 훨씬 중요하다는 의미이다. 메라비언 법칙을 면접에 적용해 보면 면접에서 필요한 시각적인 요소는 자신감 있는 자세와 밝은 표정이다. 자신감이 있는 자세는 바르게 펴져 있는 가슴과 어깨이며 나도 모르게 짓고 있는 무표정과 눈빛, 시선이다. 또 청각적인 요소인 신뢰감 있고 당당한 목소리에 합격이 달려 있다. 아무리 좋은 내용의 답변을 준비했다고 하더라도 신뢰감 없는 말투와 자신감 없는 목소리로 답변을 말한다면 준비한 내용은 무용지물이 되고 만다. 이런 비언어적인 요소는 아무리 연습을 하고 준비를 해도 낯선 장소와 긴장된 상황에서는 대다수가 찰나의 순간에 무의식적으로 나오게 된다. 그래서 수강생들이 면접을 준비하는 동안에 이미 합격했다는 합격자의 마인드로 준비할 수 있도록, 나 또한 항상 성공자의 마인드를 가질 수 있도록 노력하고 생각한다.

#미라클 감사

　면접이 불안하고 부담되는 이유는 당장 먹고살 문제가 걸려 있기 때문이다. 인간이 생활하는 데 없어서는 안 될 기본 3대 요소인 의식주가 달려 있기 때문에 당연히 마음이 무겁고 힘이 들 수밖에 없다. 조금 더 생각하면 지금까지 뒷바라지해 주신 부모님의 기대와 명절 때마다 남의 속도 모르고 "취업 준비 잘 되어 가니?"라고 묻는 친척들, 주변의 지인들의 달갑지 않은 관심과 시선 때문에 면접에서의 합격이 더 간절해진다. 간절하면 간절할수록 마음속의 불안감과 압박감은 더 커진다. 나도 모르는 사이 나의 마음속에서 보이지 않게 둥지를 트는 마음속 모든 부정괴물과 싸워 이겨내야만 환영이었던 합격을 현실로 끌어당겨 올 수 있다. 분명 쉽지 않은 혼자만의 외로운 싸움이다. 하지만 여기서 다행인 것이 있다. 나뿐만이 아니라 면접을 준비하는 모든 취준생과 입시생들이 보이지 않는 자신만의 마음속 괴물과 싸우고 있다. 혼자만 이런 고통을 느끼는 것이 아니라는 말이다. 평소 심신이 안정되어 있다고 하는 사람도 면접이 다가오면 다가올수록 부정적인 마음에서 시작되는 증상들을 나에게 호소한다. "선생님, 면접에서 떨어질까 봐 너무 불안해요.", "밤에 잠을 못 자요.", "꿈을 꾸면 모르는 질문에 난감해하는 꿈을 꿔요.", "밥을 먹어도 소화가 안 돼요." 등 다양한 형태의 부정적인 마음과 증상을 이야기한다. 당연히 이런 마음이 들 수밖에 없다. 중요한 것은 이 부정적인 마음은 외면하고 피한다고 해서 사라지지 않는다는 것이다. 부정적인 마음을 느끼지 않으려고 애써 괜찮다고 외면해 버리면 결국은 스트레스로 쌓여 내 몸이 아파진다. 중요한 일, 면접을 앞두고 컨디션 조절에 실패하는 것이다. 이럴 때는 이 마음을 모르는 척하고 무시하기보다 당연한 마음이라고 인정해야 한다. 그리고 부정적인 마음을 너무 꽉 붙잡지 않는 것이 중요하다. 사람의 마음은 일반적으로 부정적인 면으로 기울어져 있다. 내가 부정적인 사람이라 그런 것이 아니다. 사람의 뇌 일부 시스템 자체가 걱정하도록 만들어져 있다. 걱정하는 마음이 들면 불안하고 지금 집중해야 하는 곳에 에너지를 쓰는 것이 아니라 잘못된 곳에 에너지를 쓰게 된다. 불안한 마음은 부정적인 에너지이다. 면접에서는 밝고 열정적이고 자신감 있는 긍정적인 에너지가 필요하다. 부정적인 에너지를 몰아내고 긍정적인 에너지를 최대한 빨리 가질 수 있는 법은 어렵지 않다. 바로 '감사하는 마음'을 가지는 것이다. 부정적인 에너지인 걱정하는 마음이 들면 하루에 감사한 일을 쓰는 '감사일기'를 쓰라고 컨설팅을 받으러 오는 수강생들에게 이야기한다. 길게 쓰지 않아도 된다. 그날 감사한 일 5가지만 써도 부정적인 에너지가 긍정적인 에너지로 환기가 된다. 감사는 인정과도 같다. 다른 사람에게 감사하다는 인사를 들으면 자연스럽게 기분이 좋아진다. 그 일을 '내가 잘 했다.'라는 인정의 의미이기 때문이다. 감사하다는 말을 듣고 기분이 나쁜 사람은 없다. 나에게 하는 감사도 마찬가지다. 자신에게 감사하는 마음을 가지게 되면 나를 사랑하게 되고 자존감 또한 높아진다. 잘못된 방향으로 건방져 보이라는 것이 아니다. 올바른 높은 자존감은 면접에서 긍정적인 에너지로 나타나기 때문에 상대에게 '왠지 저 사람과 함께하고 싶어.', '저 사람 에너지가 좋네.'라는 마음이 들 수 있게 만들라는 것이다. 면접에서뿐만 아니라 감사는 삶의 전체를 풍성하고 풍요롭게 만들기 때문에 이 책을 읽는 모든 이들에게 추천한다.

#밥 먹여주는 철저함

트윙클컴퍼니에 면접 컨설팅을 받으러 오는 수강생들이 나에게 가장 많이 묻는 말이다. "언제까지 해요.?" "언제 집에 보내줘요?" 그럼 내가 하는 말은 단 한마디다. "될 때 집에 보내 줄게요!" 면접은 글로 쓰고 머리로 외우는 것이 아니다. 머리에 있는 생각을 입으로 아웃풋하는 연습이 필요하다. 아무리 좋은 생각을 머릿속에 가지고 있다고 하더라도 입으로 내뱉지 못하면 소용이 없다. 그래서 철저하게 준비한 글을 철저하게 입으로 내뱉는 연습을 해야 한다. 나는 수강생들에게 불안하면 철저하게 연습하라고 이야기한다. 그리고 그 철저함이 밥 먹여 준다고 이야기한다. 한 번이라도 더 준비하고 연습하는 사람은 걱정만 하고 아무것도 하지 않는 사람보다 부지런한 사람이다. 부지런함이 가지고 있는 에너지 자체가 이미 긍정적인 에너지이기 때문에 이런 부지런함을 가지고 면접을 준비한다면 면접 결과에서도 긍정적인 결과를 기대할 수 있다.

긍정적인 마음으로 철저하게 준비하면 그 철저함이 평생 밥을 먹여 주는 것이 면접이다.

어떤 사람이 링컨에게 이렇게 물었다. "당신은 교육도 제대로 못 받는 농촌 출신이면서 어떻게 변호사가 되고 미국 대통령까지 될 수 있었습니까?" 링컨은 이렇게 대답했다. "내가 마음먹은 날 이미 절반은 이루어진 것입니다." 데일 카네기 앤 어소시에이츠, 『세일즈 바이블』에 나오는 말이다. 사람은 머리로 생각하고 몸으로 행동한다고 생각한다. 하지만 머리와 몸보다 중요한 것이 마음이다. 모든 건 마음에서 시작한다. '반드시 합격한다.'라는 마음은 면접뿐만이 아니라 나의 인생에서도 큰 성공을 부르는 강력한 무기가 될 것이다.

5

면접 퀸! 육은혜

#배우지 않으면 바보 된다

"인생이란 아무것도 이루지 않기에는 너무나 길지만, 무언가를 이루기에는 너무나 짧다." 나카지마 아쓰시의 『산월기』에 나오는 말이다. 목적과 목표를 가지지 않고 무언가를 한다면 무기력하고 지루하다 못해 지겹기까지 한 시간이 계속된다. 하지만 목적과 목표를 가지고 이루기 위해 길을 찾다 보면 주어진 시간이 생각보다 짧다. 그래서 무의미한 아까운 시간을 보내지 않기 위해서는 목적과 목표를 가지는 것이 중요하다. 목적과 목표를 가지고 일을 하면 결과에 대한 만족감도 달라진다. 그것을 이루었을 때 스스로 성공한 삶이라고 느끼며 자존감도 함께 올라간다. 길지는 않지만 경단녀로서의 시간을 보내며 인생에서 목적과 목표 그리고 자존감이 얼마나 중요한 것인지를 깨달았다. 그리고 설정하게 된 인생의 목표 중 하나가 '면접 퀸! 육은혜'이다. 나를 믿고 찾아온 수강생들의 더 많은 합격 소식을 듣기 위해 늘 초심을 생각하면서 공부한다. 다행히 나의 장점이자 강점은 '새로운 것을 배우고 공부하는 것을 좋아한다'라는 것이다. 의문이 들고 배우고 싶은 것이 생겼을 때 그냥 넘기기보다는 어디에서 배우면 될까, 어떻게 하면 내 것으로 만들 수 있을까를 생각한다. 생각보다 사람들은 자신이 하는 일에 익숙해지면 더 배우려 하지도, 공부하려 하지도, 발전하려 하지도 않는다. 그러나 강사가 배우지 않고 공부하지 않고 발전 없이 제자리에 머무는 순간, 강사로서의 수명은 거기서 끝나 버린다. 특히 급격하게 변화하는 현대 사회의 트렌드를 캐치하기 위해서는 한 분야뿐만 아니라 다양한 곳에 관심을 두어야 한다. 넓은 시야를 가지고 항상 대비하는 것이 중요하다. 특히 여러 직업과 다양한 분야를 컨설팅하는 면접 강사라면 더욱더 변화에 민감해져야 한다. 그래야 나를 찾아오는 수강생들은 합격의 고속도로를 달릴 수 있을 것이며, 타인의 성공이 나의 성공이 되어 더 큰 가치로 돌아오게 될 것이다. 그것을 너무 잘 알기에 항상 배우고 공부하며 '면접 퀸!' 이라는 타이틀이 시간이 지날수록 더 빛날 수 있게 있는 힘껏 노력하며 살고 있다. '사람은 관 속에 들어가기 전까지 배우고 공부하며 살아야 한다'라는 나의 신조처럼 말이다.

#배워서 남 주는 것도 능력이다!

옛말에 '배워서 남 주나?'라는 말이 있다. 어떤 지식이든지 배우고 나면 다 자신의 것이 되고 자신에게만 유리하게 이용될 것이기 때문에 열심히 배우라는 말이다. 하지만 시대가 변하였다. 요즘은 '배워서 남 주자'라고 말한다. '배운 것으로 봉사하자!'라고 말한다. 면접 강사 일을 시작하고 배운 지식과 능력을 남에게 나눠 줄 수 있는 봉사 활동을 하게 되었다. 미혼모 센터의 엄마들을 대상으로 하는 강의였다. 봉사 활동이기 때문에 무료로 강의가 진행된다고 해서 절대로 대충 가르쳐주지 않았다. 오히려 더 PPT에 신경을 썼고 중요한 핵심을 하나라도 더 알려 주기 위해 노력했다. 아무 조건 없이 나의 지식을 남에게 주는 기쁨은 또 다른 기쁨으로 다가왔다. 몇 주간 엄마들과 함께 어디서든 자신감 있게 나의 목소리를 전달할 수 있는 보이스 트레이닝과 임팩트 있게 나를 표현하는 자기소개서를 함께 쓰고 연습했다. 그러면서 엄마들의 미래를 함께 준비해 나갔다. 봉사 활동이 끝나고 몇 주 뒤, 트윙클 컴퍼니 카페로 글이 올라왔다. '선생님 덕분에 붙었습니다. 감사합니다.'라는 제목의 글이었다. 지원한 곳에 당당히 합격했다는 내용과 함께 면접관님들께서도 열심히 준비한 것이 느껴지셨다고 면접장에서 칭찬을 받았다는 내용이었다. 카페에 올라온 글을 읽고 나니 알 수 없는 뭉클함이 느껴졌다. 타인의 성공이 나의 성공이 아닌 나의 성장으로 다가오는 것이 느껴졌다. 인생에서 성공도 중요하지만, 조건 없이 나누는 삶도 큰 가치가 있다는 것을 알게 된 날이었다. 이제 겉으로 보이는 성공뿐만 아니라 내면의 성장도 함께 생각하며 강사의 길을 걷고 있다. 나만의 향기를 나만의 방법으로 다른 사람에게 지금보다 훨씬 더 퍼 주고 나눠주는 풍요로운 인생을 그려 본다.

#면접 퀸! 육은혜? 멘토 퀸! 육은혜

책을 쓰고, 작가가 되고, 나의 가치를 끌어올릴 방법을 끊임없이 찾아 실행해 나가는 나를 보며 사람들은 빠르게 성장했다고 이야기한다. 그런 나를 보며 자기도 누군가를 가르치는 강사가 되고 싶다고 이야기한다. 내가 면접 강사의 꿈을 꾸고 강사의 길에 도전했을 때, 성공한 강사의 길로 이끌어 주었던 스승님과 선배 강사님들이 있다. '강사나 한번 되어 볼까'라는 마음이 아닌 진지한 마음으로 강사의 꿈을 가지고 현실로 이루기 위한 이들이 있다면 나도 그들을 돕고 싶다. 나의 강사 스승님과 선배 강사님들이 나를 성공한 강사의 길로 이끌어 주었던 것처럼 나 역시도 그들에게 분명한 길을 제시해 주고 싶다. 그래서 면접 수강생들을 면접에서 합격시키는 '면접 퀸! 육은혜' 이외 후배 강사를 키우고 강사의 길에서 합격시켜 줄 수 있는 '멘토 퀸! 육은혜'도 인생의 또 하나의 목표로 설정했다. '멘토 퀸!' 이라는 구체적인 목표가 설정되고 난 후, 최근 멘토 역할에 필요한 새로운 공부도 당장 시작하였다. 공부하는 데 쓰는 돈을 아까워하지 않고 투자하고 배우면 투자한 만큼 반드시 성공으로 되돌아온다. 나는 그 원리와 공식을 이제는 너무나 잘 이해하고 있다. 그래서 지금보다 더 잘 가르치고 더 크게 성공하고 싶기에 '멘토 퀸!'이 되기 위한 공부에 당장 과감하게 투자하였다. 영국의 비평가이자 역사가인 토머스 칼라일은 "목표가 확실한 사람은 아무리 거친 길이라도 앞으로 나갈 수 있다. 그러나 목표가 없는 사람은 아무리 좋은 길이라도 앞으로 나갈 수 없다."라고 말하였다. 확실하고 확고한 목표를 가지고 일하는 사람은 생기 있는 에너지가 얼굴의 표정에서도 드러난다. 어떤 목표와 목적을 정하였다면 하고 싶다는 마음과 생각을 넘어 행동으로 실행할 수 있는 '강력한 실행력'을 가지고 주저하지 말고 앞으로 나아가길 바란다.

6

면접 '퀸'의 면접 합격 전당 '트윙클'

#면접, 소개팅, 상견례는 같다

면접이라서 특별히 긴장되는 것이 아니다. 처음 만나는 자리에서 나를 상대방에게 평가받아야 한다면 면접뿐만이 아니라 모든 자리가 긴장되는 자리가 된다. 예를 들면 이성과 처음 만나는 소개팅 자리라든지 결혼식을 앞두고 양가 부모님과 가족들을 처음 뵙는 상견례 자리는 면접과 더욱 비슷하다. 면접과 소개팅, 상견례는 생각할수록 서로 닮은 점이 많다.

첫 번째 닮은 점은 내 생각을 물어보는 질문자가 있다는 것이다. 면접장에서는 면접관, 소개팅에서는 소개받는 상대 이성, 상견례에서는 상대방의 부모님이 그 역할을 한다. 물어보는 질문도 유사하다. 다들 빼놓지 않고 꼭 하는 필수 질문도 있다. 그중 하나가 바로 지원 동기이다. 면접관은 회사에 지원하게 된 지원 동기, 소개팅 상대는 소개팅 자리에 나오게 된 동기, 상견례의 부모님은 결혼 동기에 대한 질문을 한다. 여기서 동기에 대한 답변을 하는 꿀팁이 있다. 세 자리 모두에서 다 솔직하면서도 임팩트 있게 이야기를 하는 것이다.

두 번째 닮은 점은 호감도를 높이기 위해 단정하고 깔끔한 이미지 메이킹을 한다는 것이다. 면접과 소개팅, 상견례 모두 다 자신을 단정하고 깔끔하게 보이기 위해 옷이 필요하다면 옷을 구매하기도 하고 빌리기도 한다. 또 평소보다 더 단정하고 깔끔한 이미지를 위해 헤어샵에서 머리카락을 정리하고 손질한다. 이것으로 끝난 것이 아니다. 상대를 만난 자리에서도 밝은 표정을 유지하며 상대방이 부담스럽지 않게 시선 처리까지 신경을 쓴다.

세 번째 닮은 점은 '평가 결과'가 있다는 것이다. 면접은 '합격'과 '불합격'이라는 결과로, 소개팅은 '애프터 신청'이라는 결과로, 상견례는 '결혼 승낙'이라는 결과로 평가 결과가 나타난다.

이렇게 면접과 소개팅, 상견례는 서로 닮은 점, 공통점이 많다. 그래서 컨설팅을 받는 면접생들에게 "면접관하고 소개팅한다, 연애한다라고 생각하세요."라며 코칭을 한다. 그러면 신기하게 긴장되어 굳어 있던 표정이 억지 미소가 아닌 자연스러운 미소로 바뀐다. 목소리도 경직되어 있는 딱딱한 말투가 아닌 예의 바르지만 편안한 말투로 변하는 것을 들을 수 있다. 아래에는 나와 트윙클 컴퍼니를 찾아와서 합격한 많은 합격 스토리 중에서 면접관과 제대로 연애하고 지원하는 곳에 당당히 합격한 '면접 합격 스토리'이다.

〈면접 합격 전당 스토리 1〉

50세가 다 되어 가는 나이. 꽉 채운 40대 후반이라는 적지 않은 나이에 육군 군무원 차량 직렬에 지원하여 면접을 준비하러 오신 수강생이 계셨다. 누구나 들으면 모르는 사람이 없는 자동차 대기업에서 오랫동안 근무하신 분이었다. 그분이 처음 오셨을 때 "계속 대기업에서 일하시는 것이 좋지 않으신가요? 어떻게 군무원에 지원하실 생각을 하셨어요?"라며 여쭤보니 "내가 가진 기술로 이제는 사기업의 이익을 위해서가 아닌 국가를 위해 일하고 싶어서 지원하게 되었습니다."라고 말씀하셨다. 이러한 마음으로 지원하셨지만, 막상 면접 날짜가 다가오고 '남은 인생에서 마지막으로 이직을 할 수 있는 기회이다'라고 생각하니 너무 막막하고 절실해져 트윙클컴퍼니와 나를 찾아왔다고 말씀하셨다. 면접 컨설팅이 시작되고 가장 먼저 지원한 직렬과 개인 상황에 맞춰 오직 한 분을 위한 맞춤형 1분 자기소개서를 작성해 드렸다. 오랫동안 관련직에서 일해 오신 만큼 품격 높은 정비를 할 수 있다는 강점을 살려 군 차량의 품격을 높일 수 있는 장인이라는 캐릭터를 구축해 드렸다. 면접에서의 캐릭터가 완성되고 난 후, 나이가 무색할 정도로 열정을 불태우며 자기소개서를 연습하셨다. 정규컨설팅 시간 이외에도 예외는 아니었다. 1분 자기소개와 지원 동기를 연습하는 동영상을 업로드하면, 온라인 피드백으로 더 철저하고 체계적이게 면접을 함께 준비해 나갔다. 목소리는 신뢰감을 주는 중저음에 좋은 목소리를 가지고 계셨지만, 평소 조용한 성격으로 큰 소리로 말하지 않아 상대방에게 잘 전달되지 않는 말하기 습관을 갖고 계셨다. 그래서 끝까지 자신감 있는 목소리를 유지하며 상대방에게 잘 전달될 수 있도록 면접에서 필요한 보이스 트레이닝도 함께 진행하였다. 이러한 노력과 훈련으로 인해 면접장에서 처음 받는 질문에도 전달력 있게 답변할 수 있게 되었으며 그 결과 모두가 원하는 면접에서의 승리, 합격을 이루어 내셨다.

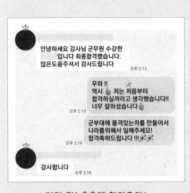

면접 퀸! 육은혜 합격후기1

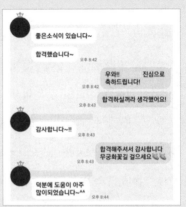

면접 퀸! 육은혜 합격후기2

〈면접 합격 전당 스토리 2〉

첫 만남부터 남 같지 않은 분이 찾아오셨다. 결혼하고 육아를 하며 경단녀의 생활을 겪다가 군무원에 도전한 맘시생이었다. 경단녀의 마음을 누구보다 잘 알기에 마음이 더 크게 쓰였다. 게다가 아이를 키우며 필기시험을 준비해서 한 번의 쓴맛을 맛보고 두 번째 필기시험에 합격하여 면접 준비를 하기에 더 절실한 마음이 크신 분이셨다. 필기 합격을 확인 후, 합격한 기쁨도 잠시 면접을 어떻게 준비할지 정말 많은 고민을 했다고 이야기하셨다. 그러면서 마지막으로 면접을 본 게 7~8년 전이고 그마저도 사기업 면접이었다며, 이번에는 나랏일 할 군무원을 뽑는 면접인 만큼 '또 다른 방법으로 준비를 해야 할 텐데…'라고 생각하니 숨이 막히는 느낌이었다고 덧붙이셨다. 불안하고 걱정되는 만큼 블로그, 인스타, 카페 등에서 군무원 면접에 관한 정보를 모았고 그중에서 트윙클컴퍼니가 가장 똑소리 나고, 말 그대로 면접장에서 자신을 가장 빛나게 해 줄 곳이라 생각하여 선택하게 되었다고 말씀하셨다. 트윙클컴퍼니의 면접 컨설팅 시스템에 따라 처음 컨설팅을 맡게 되신 부대표님께서 1분 자기소개서를 작성해 주셨다. 그 후 만나게 된 컨설팅 시간에 면접 예상 문제와 기출문제에 관한 질문 의도와 답변하는 방법을 가르쳐 드렸다. 그리고 모두가 다 똑같은 답변이 아닌 개인의 스토리를 담아 스토리텔링할 수 있는 맞춤형 답변으로 답변의 첨삭까지 꼼꼼히 진행해 드렸다. 또 외모가 누가 봐도 야무지게 생긴 분이셨다. 그래서 '야무지게 업무를 처리할 수 있다.'라는 이미지를 내세워 강조하였는데, '실질적으로 도움

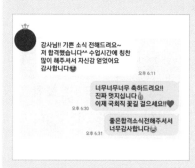

면접 퀸! 육은혜 합격후기3

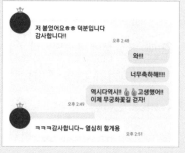

면접 퀸! 육은혜 합격후기4

이 많이 되었다'며 기분 좋은 목소리로 면접이 끝나자마자 통화로 전해 주셨다. 결과는 보나 마나! 당연히 최종 합격이었다.

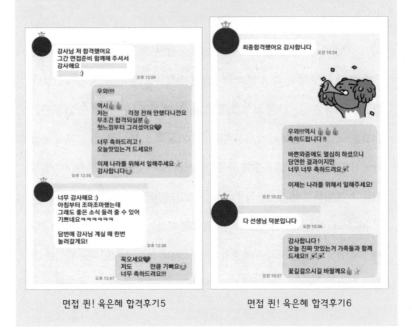

면접 퀸! 육은혜 합격후기5   면접 퀸! 육은혜 합격후기6

모두 다 열심히 노력한다고 해서 최종 면접에 합격하는 것은 아니다. 누구나 노력은 다 한다. 면접은 잘못된 방향으로 노력만 해서는 결코 합격하기 힘들다. 정확한 방향으로 나아가면서 노력이 합쳐졌을 때 면접장에서 빛을 발휘한다. 중요한 면접을 앞두고 혼자 면접을 준비하거나 면접 스터디 그룹만으로 준비하다가 잘못된 방향으로 가고 있다는 생각이 들면, 당장 전문가를 찾아가는 것이 현명한 방법이자 당신의 인생의 시간을 아껴 줄 옳은 방향이다.

면접 퀸!의 사고방식

#강력한 행동을 낳는 강력한 이유

월리엄 셰익스피어는 "강력한 이유는 강력한 행동을 낳는다."라고 말했다. 어떤 일을 하고 싶지만 곧장 실행에 옮기지 않고 다음으로 미룬다면 지금 당장 이 일을 해야 할 강력한 이유가 없기 때문이다. 이 일을 해야만 하는 강력한 이유가 설정되면 방법은 어떻게 해서든지 찾게 된다. 시간이 부족하다면 잠자는 시간을 줄여서라도 하고 싶은 일을 할 것이고, 잠자는 시간을 줄였는데도 시간이 부족하다면 쉬는 날을 반납해서라도 하고 싶은 일을 할 것이다. 또 하고 싶은 일을 시작할 때, 초기 자본금이 필요하다면 돈을 구하기 위해 이리저리 머리를 굴리고 발로 뛰어다니게 될 것이다. 이처럼 일을 할 때, 강력한 이유가 있다면 행동은 자연스럽게 따라오기 마련이다.

혹시 이때까지 멋지게 계획은 했지만 실패하고 이루지 못했던 일들이 있는가? 내 경험을 떠올려 보면 이뤄야만 하는 강력한 이유가 부족했을 때 제대로 된 결과를 이루지 못하였다. 이루어지기만 한다면 분명 나에게 득이 되는 일인 것을 누구보다 잘 알고 있다. 하지만 강력한 이유가 없었기 때문에 그럴듯한 핑계를 찾아서 나 자신과 타협을 하거나 최선을 다하지 않곤 했다. 반대로 면접 퀸, 면접 강사의 꿈을 이룬 시점에서 생각해보면, 그때는 '절실하고 간절한 눈빛으로 매달리는 면접 수강생을 내가 합격시켜 주고 싶다.'라는 강력한 이유가 먼저 설정되어 있었다. 강력한 이유가 설정되고 나니 목표를 향해 강력하게 달려가는 행동에도 지치지 않고 앞만 보며 달릴 수가 있었다.

이 밖에도 강력한 이유는 실전 면접에서도 중요하다. 면접장에 가면 분야를 막론하고 면접이 시작되자마자 꼭 물어보는 질문이 있다. '우리 회사에 지원하게 된 동기가 무엇입니까?' '왜 공무원에 지원했습니까?' '우리 대학에 지원한 동기가 무엇입니까?' '왜 우리 학과에 지원하게 되었습니까?' 이처럼 모든 면접에서는 지원 동기를 질문한다. 지원 동기에 대하여 질문하는 이유는 지원한 곳을 선택하게 된 이유를 묻는 것으로 지원한 곳에 얼마나 열정을 갖고 있는가를 알아보기 위해 하는 질문이다. 이때 각자가 지원한 곳에 대해 '왜 지원하였는지', '많고 많은 곳 중에 왜 하필 여기였는지'에 대한 강력한 이유를 답변한다면 합격에 한 발 더 다가설 수 있다. 꼭 입사해야만 하고 입학해야만 하는 강력한 이유, 강력한 지원 동기는 열정으로 나타난다. 열정이 비추어졌을 때, 면접관들도 눈앞에 있는 지원자가 최종 합격 시에 의욕적이고 강력한 행동력으로 지원한 곳에 보탬이 될 것이라 생각을 하게 된다.

이렇게 강력한 이유는 일의 결과를 다르게 만든다. 지금 내가 '강사의 일을 시작하고 싶다.', '누군가를 가르치고 싶다.'라고 생각은 하고 있지만, 당장 행동으로 옮기지 않고 미루고 있다면 강사 일을 해야만 하는 강력한 이유가 없진 않은지 생각해 보길 바란다.

#시간이 없다? 기운이 없다!

요즘 사람들이 입버릇처럼 많이 하는 말을 생각해 보면 '시간이 없다.'라는 말을 많이 한다. 그래서 잘 살기 위해 꼭 해야만 하는 일들 가운데는 '시간 관리하기'가 항상 포함되어 있다. 부족한 시간을 효율적으로 쓰는 방법에 대하여 고민하고 먼슬리 플래너, 위클리 플래너, 데일리 플래너 등을 작성하며 시간을 잘 쓰기 위해서 시간을 투자한다. 하지만 시간 관리보다 더 중요한 것이 있다. 바로 '내 몸과 마음의 기운 관리'이다.

생각해 보면 시간은 부족하지가 않다. '시간이 없다.', '시간이 부족하다.'라고 말은 하지만, 몸과 마음의 기운이 많이 소모되는 소위 말해 신경 쓰이는 일을 하고 난 직후를 생각해 보자. 신경 쓰이는 일을 하고 난 후에는 대다수가 각자의 방법대로 기운의 소모가 적은 일을 하면서 의미 없는 시간을 보낸다. 어떤 이는 가만히 누워서 시간을 보내고, 어떤 이는 유튜브나 넷플릭스를 시청하면서, 또 어떤 이는 웹툰과 게임을 하면서 아까운 시간을 흘려보낸다. 상대적으로 몸과 마음의 기운은 많이 소모하지 않고 시간만 소비하면 되는 일을 하면서 매번 '없다', '부족하다'라고 말하며 시간을 낭비해 버린다. 나는 이런 시간만 쓰면 되는 일을 '시간 벌레'라고 이야기한다. 시간 벌레의 문제점이자 특징이 한번 빠져들면 헤어 나오기가 힘든 악순환의 연속이라는 것이다. 물론 다시 되돌아올 수 있다. 하지만 시간 벌레를 털어내고 정신을 차리고 다시 일상으로 돌아오기까지 상당한 오랜 시간이 걸린다. 그래서 우리는 '시간이 없다.', '시간이 부족하다.'하고 입버릇처럼 말한다.

꼭 하고 싶은 일이 생겼다면 시간 관리보다 그 일을 끝까지 이어 나갈 '몸과 마음의 기운 관리'를 우선으로 생각하고 했으면 좋겠다. 최근 몸과 마음의 기운 관리를 하며 면접 강사로 열심히 달려온 결과, 트윙클컴퍼니로 연결되어 드디어 대학교에서 취업 면접 출강의 기회도 잡게 되었다. 하기 싫지만 해야 하는 일에는 기운을 조금 아끼고, 하고 싶고 꼭 해야 하는 일에 과감하게 기운을 쏟아부어 몸과 마음의 기운 관리를 잘한 결과이기도 하다. 『몸과 영혼의 에너지 발전소』의 저자 짐 로허는 "효과적인 에너지 관리가 인생의 모든 것을 좌우한다."라고 말했다. 지금 이 책을 보면서 강사 일은 하고 싶지만, '처음 배우고 공부할 시간이 없어서 시작하지 못한다.'라고 이야기하는 사람은 시간 관리가 아니라 몸과 마음의 기운 관리를 해라. 시간 관리보다 기운 관리의 달인이 되어 성공한 강사로 함께 만났으면 좋겠다. 대한민국 경력 단절의 평범한 유부녀인 내가 했으면, 당신도 무조건 해낼 수 있다.

정아름

영어 전문 학원을 2호점까지 운영하는 원장이자 학원 창업 컨설팅 및 교육
전문 코칭 강사이다. 글로벌 에듀테이너를 꿈꾸며 모바일 쇼호스트로도 활
동 중이다.

현.비상교육 잉글리시아이 장천점 남문점 원장
비상교육 경영전문위원 교육수석위원
학원코칭, 교육강사
라이브 쇼호스트

이메일	nangilima20@naver.com
인스타	amy_nu_life
	view7visang7
블로그	blog.naver.com/view7visang7

Jeong Areum

1

한국의 가우디를 꿈꾸다

#세계적인 건축가를 꿈꾸다

책상 밑, 그 공간은 책을 좋아한 나에게는 책 읽기에 훌륭한 아지트였다. 물론 커가며 도서관을 더 자주 가게 되었으며 초등학교 5학년에 만화방에 빠졌던 시절을 제외하곤 항상 책을 손에서 놓지 않던 소위 '책벌레'가 바로 나였다.

결국 독서가 좋아서 작가를 꿈꾸었지만 '내가 좋아하는 일'이 '내가 잘하는 일'은 아니라는 것을 커가며 자연스럽게 깨닫게 된 나는 결국 새로운 꿈을 탐색하였다.

사실 정확히 말하자면 도피성이 강했다. 고3 진로를 정해야 하는 마지막 순간이 다가왔을 때 나는 막연하게 '건축가는 어떨까?'라는 생각을 했으며 경영학과 또는 행정학과로 갈 것이라는 주위 어른들의 예상과 달리 나는 최종적으로 건축과를 선택했다.

현실 감각 없었던 열아홉! 다 컸다고 큰소리치던 열아홉의 정아름은 아직 꿈만 꾸는 아이였다. 대학을 간판으로 걸고 철밥통이 유행하던 그 시절 어른들은 공무원을 준비하도록 권유하였다. 나는 이 말에 보란 듯이 반대 방향으로 달렸고, 사실 말하자면 의과 대학 다음으로 긴 5년제라는 타이틀을 걸고 싶었던 것 같다. 5년 동안의 학비와 생활비를 직접 마련해야 하는 현실은 뒤로한 채 꿈에 의존하며 당장 내 앞에 놓인 대학 생활을 즐기고도 싶었지만 나는 그 시절 혁명가라도 된 듯 사명감을 가지고 사람들을 위한 공간을 만들겠다는 포부에 진심이었다. 작은 점 하나, 가는 선 하나에도 예술의 의미를 더하고, 나만의 감성을 가득 넣어 건축이라는 학문에 정아름의 흔적을 남기고 싶었다.

미래의 걱정보다는 현실의 재미에 빠져있던 스무 살의 나, 지금의 내 모습을 상상이나 했을까? 내가 꿈꿨던 그 시절의 나는 낮에는 해외 건설 현장에서 안전모를 쓰고 도면을 보며 실측을 다니고 저녁에는 각국의 건축가들과 와인 한 잔을 곁들이며 친환경 건축 동향이나 라이프 스타일 트렌드를 나누며 내가 더 나은 미래의 환경을 만들어 가고 있다고 뿌듯해하고 있는 모습이었으며 내가 있는 곳은 분명 한국은 아니라고 생각했다.

지금 돌아보면 그 시절이 몽상이 아닌 망상으로 나에게 다가올 때도 있지만 지금의 나를 있게 해 준 소중한 내 인생의 선들이라고 생각한다. 먼 훗날 한국이 낳은 세계적인 여성 건축가 정아름의 이름으로 월간 건축잡지에 내 건축물을 연재하겠다는 그 몽상이 결국 돌고 돌아 '책벌레' 정아름이 꿈꾸었던 '작가'의 꿈을 지금의 공저로 대신할 수 있다는 것만으로도 절반의 성공이 아닐까?

#20년 후, 비상교육 잉글리시아이 수석 교육 원장 정아름

현재의 나는 창원에서 2개의 초·중등 대상 영어학원을 운영하고 사랑하는 아들 승현이를 키우며 내적으로도 같이 성장하고 있는 39살의 워킹맘이다. 나의 하루는 6살 남자아이를 유치원에 등원시키고부터 시작된다. 코로나가 시작되고 유치원생을 아이로 둔 워킹맘의 삶은 더 바빠졌다. 평균 주 2회 있던 오프라인 교육이 온라인 줌 교육으로 바뀌면서 신규 상담 또는 신규 원장님들의 멘토링 또한 더 늘어났다. 오전 라이브 모바일 방송이나 비대면 줌 교육이 끝나면 본원에 출근해서 간단한 업무와 그날의 중요 일정을 정리, 공유 후 분원을 관리하러 간다. 정규 수업이 끝나면 다시 본원으로 와서 강사 업무 보고를 받고 원생 리포트 작성 후 피드백 상담으로 업무 마무리를 한다. 늦은 저녁, 아이를 데리고 퇴근을 하면 제2의 육아 출근이 시작된다. 그리고 아이를 재우고 나면 다시 1인 기업 정아름의 제3의 출근이 시작된다.

N잡러 정아름 이름에 걸맞게 자기 계발을 위한 강의 듣기, 당일

방송 모니터링, 다음 라이브 방송 연습, 빼놓지 않는 독서 후 감사일
기로 하루를 마무리한다.

　주변 사람들은 나의 스케줄을 보며 혀를 내두른다. 그리고 궁금해
한다. 정확하게 몇 개의 직업이 있고, 몇 명의 사람을 만나느냐고. 현
재는 강사, 원장, 교육전문가, 창업 컨설턴트, 모바일 라이브 호스트,
작가로 진정한 N잡러의 삶을 살아가고 있다. 그 타이틀에 걸맞게 매
일 200명 가량의 사람들과 오프라인에서 만나고 소통하고 있다. 모
바일 속에서 만나게 되는 나의 고객은 방송 회차를 거듭할 수록 점점
더 늘어나고 있다. 내년에는 개인 방송을 통해 더욱 늘어갈 거라는
기대를 하고 있다. 그 기대감이 나를 설레게 하고 신나게 한다.

#위기에서 피어나는 기회를 잡다

　내 인생의 스토리는 위기감에서 시작되었다. 그것이 꿈, 생계, 인
연이든 나의 성장에 있어 가장 큰 원동력이다. 현재 성공한 원장으
로 불리지만 나는 현재의 자리에 만족하지 않는다.

　코로나 이슈가 한두 달 이어져 장기화가 되어 갈 때 불안해지는
학습 시장에서 바로 위기감을 느꼈다. 언제든 당장의 생업이 멈출
수도 있겠다고 생각했다.

　그때 나를 살린 건 김미경 강사님이었다. 마치 지도 없는 망망대
해에서 바라보는 북극성과 같은 존재였다. 가장 먼저 유튜브와 인

스타그램을 통해 시대의 흐름을 보는 법과 당장 읽고 생각하고 실천해야 할 것을 명확하게 일러 주셨고 행동으로 이어지게 도와주셨다. 고민은 사치였다. 읽어야 할 책과 바로 해야 할 사항들로 낙담할 틈이 없었다.

그리고 새로운 시대가 열렸음을 직감했다. 코로나 이전에도 교육 플랫폼은 온오프라인의 형태로 나누어져 있었지만 코로나 시기를 지나며 교육 서비스는 더욱 온라인으로 힘이 실렸다. 아이들의 관리는 AI라는 이름으로 더욱 밀접하고 세심하게 관리되고 교육 컨텐츠의 방식도 그룹식 또는 자기 주도식으로 다양한 아이들의 성향별 형태에 맞춰졌다. 기존에 사용되던 스마트펜이나 어학 학습 도구들도 최신 스마트 패드로 더욱 발전되어 나왔다. 실제로 올해 초·중·고등 학교에서도 개인용 스마트 패드나 노트북을 나눠주었다. 이제 대한민국의 온라인 교육 환경은 한 단계 더 성장하였다. 부모의 수업에 대한 인식도 많이 변했는데 학교를 1~2주 빠지는 것, 온라인교육을 하는 것, 수업 시간이나 출결석의 경계 또한 매우 유연해진 지 오래이다. 코로나가 시작되기 4년 전과 현재가 이렇게나 다르다. 앞으로 학습 도구는 계속 변화해 나갈 것이며 내가 소통하는 창구가 더 넓어지고 다양해지는 만큼 자연스레 학습 도구들, 학습 콘텐츠들도 다양해지고 그 선택의 폭 또한 더욱 넓어질 것이다.

이시기에 학생들과 학부모들 그리고 그 아이들을 가르치는 영어 강사와 원장님들에게도 혼란감과 불안감이 생기기 시작했다. 평소보다 학부모님과 상담이 더 많아진다며 원장님들께서 자문을 구해 오시기 시작했다. 그 시절 내가 직감한 새로운 시대는 이제 확신의 자신감으로 바뀌었으며 내 안의 뜨거운 사명감이 솟아 났다. '아, 이제 내가 나설 차례구나.'

#맞춤형 내비게이션 정아름

내가 나서서 무엇을 줄 수 있을까? 나는 먼저 경험한 사람이다. 그래서 내가 경험한 것을 나눠주기로 했다. 공부방, 교습소, 학원 창업과 분원 등을 내는 과정에서 얻게 된 성공과 실패의 경험을 바탕으로 최대한 바로 적용할 수 있는 성공한 사례들을 알려주어 새로운 도전을 시작하거나 그것의 운영에 어려움이 있는 원장님들에게 가이드라인을 제시할 수 있었다.

"나는 성공했다"로 끝나는 엔딩을 원하지 않는다. 아니 실제로 그런 엔딩은 없다. 성공한 학원 원장은 많고, 그 기준은 100명이든 1000명이든 상대적인 수치로 표현되는 것은 아니지만 인정받는 학원장은 많지 않다. 내가 성공했다고 생각하는 강사들은 그들이 가진 노하우를 기꺼이 공유하고 지식과 경험의 나눔을 멈추지 않는다. 나역시 멈추지 않고 내 지식과 경험을 통해 얻은 지름길을 알려주는 것이다. 크고 작은 실패를 경험했던 그들의 수고를 덜어 즐겁게 목적지로 갈 수 있는 최신형 내비게이션이 되어주기를 바란다. 더불어 그들의 감정을 다독여주는 따뜻한 언니 같은 멘토가 되고싶다.

꿈과 현실은 다르다

#와장창, 내 꿈이 박살 났다

건축 관련 국내외 공모전 수상경력들과 건축기사 관련 자격증들, 900점대 토익성적과 200학점 이상 들으며 유지했던 4점대 학점으로 나는 준비된 사람이라고 생각했다. 하지만 그건 순전히 나만의 착각이었다. 대기업 건설회사들의 마지막 면접까지 줄줄이 낙방하며 와장창 내 꿈은 박살 났고, 박살 난 유리 조각을 이어 붙이고 주택공사에서 인턴과정으로 일하게 되었을 때 나는 책 안의 세상이 얼마나 허무맹랑한지 알게 되었다. 대학교 6년이란 시간을 내가 만든 꿈 안에서만 바쁘게 지냈다는 것을 깨달았다. 냉정한 현실과 마주앉은 나는 아파트 현장 곳곳을 누비며 하자를 찾으러 다니는 네 발의 탐색견과 같았다.

탐색이 끝나고 난 탐색견은 이제 다시 인턴으로 돌아와 책상에 앉아 치열한 보고서 작성으로 하루를 보내야만 끝이 났다. 나라는 존재는 수백 장의 도면 속에 위치를 알 수 없는 하나의 나사와 같은 처지였다. 공익적인 사명감도 현실에서는 체불 임금과 관련된 악성 민원 해결이 전부였다. 이 수많은 현실과 부딪치면서 나는 바로 인정했다. 취업이란 나에게 노력해도 안 되는 것이 있다는 것을 깨진 유리 조각처럼 눈으로 보여주었다. input은 있어도 output이 없을 수 있다는 것을 대학을 졸업하고 알게 된 것이다. 하지만 현실의 냉혹함보다 결국은 당장의 생활비가 더 걱정이었다.

#내가 잘하는 일 VS 좋아하는 일

내가 좋아하는 일을 하면서 먹고 사는 것과 내가 잘하는 일을 하면서 먹고 사는일 중 어느 쪽이 효율성이 높을까? 나는 내가 제일 잘하는 일을 해야 했다. 그것이 가장 큰 수입원이 될 수 있다는 것을 알 수 있었다. 영어 과외와 학원 강사일은 내가 대학 생활과 함께 했던 수많은 아르바이트에서 가장 큰 수입원이자 내가 제일 잘하는 일이었다.

마침 그때 큰 규모의 대형학원에서 면접 제의가 들어왔다. 그동안 대기업 취업을 위해 준비했던 수많은 면접 내용이 영어 학원 강사가 되기 위한 발판이 되어주었다. 그렇게 나는 잘할 수 있다고 굳은 결심으로 학원 강사가 되었지만 현실은 매일이 전쟁이었다. 매달 연구수업과 매주 시연강의 준비에 초짜 강사는 새벽까지 학부모 상담 전화와 수업 준비로 날을 새기 일쑤였고 수업 전에는 지인이 운영하시는 학원강의실에서 수업시연 영상을 찍어보며 눈코 뜰 새 없이 새로운 영역을 준비했었다. 초짜 강사는 촌각을 다투며 3개의 층을 수업 스케줄에 맞춰 종종걸음으로 다니며 하루에 6~7개 수업을 준비해야 했지만 정신 없이 수업을 준비하며 배우는 그 모든 과정은 나를 다시 살아 숨 쉬게 하는 원동력이 되었다. 어느덧 짧은 쉬는 시간에 커피 한 모금 할 여유도 생기고 학원 생활이 적응이 되었다고 생각할 때였다. 당시 나를 눈여겨 보고 계시던 원장님께서 학원 내 팀장 직급을 추천해주셨다. 평소 밝은 에너지로 아이들과 소통하는 모습과 다양한 교구를 만들어 수업에 적용하는 모습들에서 내가 몰랐던 나의 강점들을 발견해 주셨던 것이었다. 당장 먹고 살기 위해 시작한 일이었지만 새로운 영역에 도전해서 나의 장점을 발견해 나가는 것은 도전해 보지 않았으면 느껴보지 못했을 영역이었다.

#희망, 다시 꿈꾸다

다시 꿈을 꾸니 잘하는 일이 좋아하는 일로 바뀌는 마법을 경험했다. 건드리지 않은 꿈은 그저 꿈으로 남을 수밖에 없다. 하지만 도전하고 경험해서 얻은 꿈은 현실이 된다.

그리고 그 현실은 믿을 수 없는 결과를 가져다 주었다. 수업만 하는 강사가 아닌 아이들의 학습관리, 커리큘럼 작성과, 교재연구 및 선생님들의 업무 관리를 할 수 있는 능력이 장착되면서 그동안 잃었던 나의 자존감이 점점 채워지기 시작하며, 나의 모든 세포들이 움직이기 시작했다.

건축을 해야겠다 생각한 스무 살의 정아름처럼 내 마음 속 나만의 탑을 세우기 시작했다. 아이들의 학습관리를 시작하면서 개인별 학습로드맵을 준비했다. 학부모님과 상담을 할 때도 성적이나 출석 확인이 아닌 아이의 성향과 학습 스토리에 집중하기 시작했다. 아이의 개별 학습 관리와 학원과 집에서의 정서적인 관리도 같이 들어가니 시너지효과는 더욱 컸다. 아이들의 학원에 오는 표정이 달라지기 시작했다. 그룹이 아닌 개별 맞춤으로 계획되니 아이들의 학습결과물이 달라지고 성장 속도에 불이 붙기 시작했다.

강사로 수업을 할 때는 내가 오늘 전달해야 하는 페이지 수에 맞춰 강의안을 준비하는 데 집중했었다. 반 아이들 중 중간 성적의 아이들을 기준으로 수업 속도를 맞추고 아이들이 이해하는지 여부는 시험으로 테스트를 했었다. 그리고 그 시험의 결과로 이해한 아이와 그렇지 못한 아이로 구분을 했었다. 성적이 안 좋은 아이는 남겨서 보충 수업을 하고 재시험을 통과해야만 집을 보내는 식이었다. 학원이 정해 놓은 기준과 스케줄에 맞춰 아이들을 가르치고 있었던 것이다. 아이들의 학습을 SWOT분석과 개별 학습로드맵으로 준비하면서도 과연 모든 아이들이 만족스러운 학습을 하고 있는 것일까? 고민할 수록 회의감은 죄책감으로 이어졌다.

모든 아이들의 학습 레벨은 다를 수밖에 없다. 학원 등록 시 레벨 테스트를 거쳐 그룹화를 하지만 한 교실에 다른 학습력을 가진 아이들을 상대로 하나의 교재로 수업을 하는 것은 사실 옳지 않다고 생각했다. 각각의 아이들마다 학습 시작 시기가 다르고 인지력과 집중력이 다르다.

여기에 더하여 아이의 컨디션과 받아들이는 마음의 상태도 날마다 변수가 많다. 잘하는 아이는 잘하는 만큼 느린 아이는 느린 속도에 맞게 수업의 시간적 양과 과제의 양은 달라져야 한다. 그런 환경에서야 모든 아이들이 해당 학습 서비스의 목표 결과물을 가져갈 수 있다. 사교육이기에 더욱이 아이에게 맞춰 학습이 들어가는 것이 맞다. 그래서 결국은 아이에 맞춰 학습로드맵을 짜니 성적과 자신감이 높아지고 다른 영역으로 학습관리가 발전되는 사례들이 점점 늘었다.

씨앗을 어떻게 키울지 그 과정에 따라 결과물이 달라지는 것을 경험하고 나니 현재의 학습관리를 그대로 가져갈 순 없었다. 그러나 대형학원에서의 관점과 시스템은 다를 수밖에 없고 그 틀을 바꿀 수도 없었다. 결국 방법은 내가 그 학습 환경과 스토리를 만들어야 하는 것이었다. 스물아홉, 나를 브랜딩 해야 할 목표가 생겼다. 그렇게 다시, 꿈꾸기 시작했다.

3

하고 재비가 뿌려 놓은 씨앗들

#씨앗 심다

프로 N잡러 정아름의 씨앗은 언제 심겨졌을까? 소통은 건축가에게 있어서 가장 큰 무기이다. 세계적인 건축가가 되기 위해 준비했던 소통의 도구는 언어라고 생각했다. 전 세계의 공용 언어는 영어였고 영어는 내가 좋아하고 잘하는 과목이었다. 영어 공인 성적은 모든 도전 활동에 가장 큰 치트키가 되어 주었다. 그리고 교양수업과 독학으로 접근하기 쉬운 일본어를 배웠고 일본어 인증시험을 따고 나니 더욱 자신감이 붙어 중국어로 넘어갔다. 영어, 일본어, 중국어를 접하면서 24학점과 계절 학기를 넘나들며 준비했고 학점이 준비되니 부전공 이수도 충분히 가능했다. 개인 유학은 비용이 많이 들지만 교환 학생 프로그램은 모든 것이 제공되니 나에게는 최고의 기회였다. 내가 참여할 수 있는 모든 기회에 도전했다. 물론 모두 다 성공하진 않았다. 하지만 도전한 만큼 성공 횟수도 높아져 갔고, 그 기회에서 파생된 새로운 기회들은 레버리지로 늘어나기 시작했다. 그 우연하지 않은 기회들이 지금의 나를 만들었고 미래의 나의 방향성을 만들어 주고 있다.

지금 현재 내가 하고 있는 일이 평생 직장이라고 생각하는 사람은 적을 것이다. 대부분 자기 직업에 대한 불안이 미래에 대한 불안으로 이어지며 결국 주식과 코인, 창업과 부동산 등으로 눈길이 쏠리기 마련이다. 수많은 자기 계발 앱과 베스트셀러책들에도 머니러시를 위한 파이프라인 구축과 관련 있는 것들이 많다. 물론 나는 돈에 전혀 관심이 없다고 하는 사람들도 있을 것이다. 그래도 미라클 모닝, 릴스, 오하운, 오운완 등을 들어봤을 것이고 그 열풍에 동참해 볼까 맘 먹어 본 적이 있을 것이다. 그렇다면 마음속에 씨앗은 이미 심겨져 있다.

사실 이 모든 행위가 씨앗을 뿌리는 활동이다.

Next Job을 꿈꾸는가? 그렇다면 SNS를 시작하라. 방금 씨앗을 심었다.

#씨앗 움트다

퍼거슨이 그랬단다. 'SNS는 인생의 낭비다.'

나는 그 말에 반대하는 입장이다. 나의 성공 에너지의 원천은 사람이고 이는 소통을 통해 발현되는 것을 증명해 주었다. 실제로 인별그램, 페이스북, 밴드, 블로그, 그 모든 SNS들은 나의 주 에너지 공급원이 되었다. 지금의 학원들이 자리 잡기 까지 건물의 LED 간판이 아닌 수백 개의 포스팅으로 네이버 블로그에는 천여 개의 게시물로 인스타그램에서 모바일 속 세상에서 다양한 감성을 담은 채 이미지와 영상으로 소통하고 있다.

교육 강사로서의 나의 전문성이 부각된 것의 시발점은 코로나 위기 상황 속 대면 상담이 어려워지면서 고안된 자체 제작 온라인 영상 간담회였다.

온라인 창업 멘토가 될 수 있었던 것도 SNS 활동이 아니었다면 다른 지역의 원장님들과 교류할 수 있었을까? 이제는 우리 동네 인근 학원이 내 경쟁 상대가 아니다. 브랜딩해야 하는 대상은 더 이상 우리 동네에 있지 않다. 이제는 이 지구 전 세계가 내 무대이다. 시간과 공간에 제약과 경계는 없다. 인종과 언어도 문제시 되지 않는다. 하고자 한다면 새벽 2시에도 나는 다른 나라에 있는 고객에게 나의 교육상품의 비전을 제시할 수 있게 된 것이다.

라이브 모바일 쇼 호스트를 시작하게 된 계기도 작가가 되기로 결심하게 된 것도 SNS를 통해서 기회를 가질 수 있었다. 내 씨앗은

SNS를 통해서 발견되었고 움트기 시작했다.

땅속에는 우리가 뿌려 놓은 많은 씨앗이 있다. 우리는 씨앗이며 모든 가능성을 가지고 있지만 누군가 알아봐 주지 않는다면 아니 스스로 드러내지 않는다면 그저 땅속 깊은 곳에 죽은 것과 다름없다. 나를 내보이는 것을 겁내지 말자. 나의 씨앗의 움을 틔워보자. 열매를 맺지 않더라도 그 움은 누군가 발견할 수 있고 우리는 움을 틔우는 과정만으로도 많은 인생의 경험을 쌓아 갈 수 있다.

#꽃을 팔까? 열매를 팔까?

겨우 움을 틔운 나의 씨앗도 다음 꽃을 피우기까지가 쉽지만은 않았다.

코로나의 걱정 속에 있을 당시 연달아 2~3주씩 장기 휴원으로 소득이 없어 나라의 지원금 외에도 추가 대출이 필요해졌을 때는 하늘이 무너지는 기분이 들었다. 나 하나가 아닌 선생님들의 월급을 못 드릴 수도 있겠다는 생각에 잠도 오지 않았다.

모두를 위해 대비를 해야 할 필요성이 확실해졌다. 그때부터는 경제 유튜브와 경제 전문서적을 보기 시작했다. 사업소득 외에도 부가적인 추가 소득을 위한 파이프라인을 더 심어야 했다. 위기감이 제로에 가까운 나의 경제 관념까지 건드려 버린 것이다.

그리고 딱 2년이 지난 지금 5월 종소세를 준비하며 내 소득 파이프의 개수를 눈으로 확인했을 때 하늘에 감사했다. 지난 십 년간 하나였던 수익 파이프에서 2022년 5월 기준 5개의 파이프로 늘어나 있었다. 사업소득, 강의소득, 임대소득, 권리소득까지 그리고 앞으로의 인세까지 2년 전만 해도 상상조차 못 했던 일들이 벌어진 것이다.

나의 수많은 씨앗들은 삶에 있어 꽃처럼 눈과 코를 즐겁게 해주고 열매로 배를 불리게 해주고 있다. 그리고 이 모든 결과물은 나 혼자 독식하는 것이 아니라 모두와 소통하며 공유할 수 있는 성공 자산이라 더욱 가치가 있다.

건강한 삶을 원하는 사람과 부유한 삶을 원하는 사람과 선한 영향력을 나누고 싶어하는 사람과 소통하라. 보상의 형태는 당신이 고르기만 하면 된다.

4

내 인생의 단비

#퍼스널 브랜딩이 어렵다고?
그럼 기존 브랜드에 나만의 색을 칠해봐

대형학원을 퇴사하고 바로 창업하기란 쉽지 않았다. 나의 개인 브랜딩은 준비 과정이 꽤 길었다. 1년 6개월의 배움의 기간이 필요했으며 가장 나와의 교육철학이 비슷한 기존의 시스템을 찾아 나서기 시작했다. 그룹식 수업이 아닌 자기주도학습의 장점을 살리고 쉽고 재미있게 시작할 수 있어야 했고 아이에 맞춰 학습시간이 가능한 M사였다.

나만의 브랜딩을 하기 위해 나의 색을 입혀나가기 시작했다. 관련 개인 과외로 시작한 공부방 창업은 3명에서 7명 다음 달은 14명에서 23명 그리고 곧 35명을 채워갔다.

아이들이 늘어가는 것만큼 나의 브랜딩에 확신이 생겼다. 매달 늘어가는 성장세에 1년쯤 될 때는 동네에서 소문난 공부방이 되었고 눈에 띄이기 시작하니 신경 쓸 일들이 생기기 시작했다. 늘어난 인원만큼 민원의 발생으로 1년이 되던 해에 결국 방 하나의 작은 공부방에서 34평 1층 전체로 공부방을 확장 이전했다. 이에 맞춰 당시 인지도는 낮았지만 친근한 이미지의 M사 캐릭터를 온 동네에 각인화 하기 위해 매주 다른 컨셉으로 홍보활동을 했다. 그 과정에 M사에서 정기적으로 최우수원으로 선정되고 분기마다 대표 상을 받아가며 같은 지역 원장님들에게 좋은 사례들을 공유하기 시작했다.

나의 공부방의 특별한 색은 따뜻한 분위기와 야무진 학습 관리력이었다. '아이들이 영어를 잘한다고 자신감을 내보이고 과제나 학습 부담감 없이 실력을 쌓을 수 있대' '무엇보다 아이들이 매일 학원을 가고 싶다고 말한대'라고 평가받기 시작했다. 그리고 공부방 개원 2년째 80명이 가까운 시점에 출산을 앞두고 학원으로 확장하게 되었고 6개월 뒤에는 개원 인원의 2배 성장을 할 수 있었다. 그리고 M사에 6년째 되던 해, 아이들의 스피킹 실력 향상과 초중고 로드맵 강화를 위해 지금의 V사로 시스템 체인지를 도전하였다. 학습 트렌드와 필요에 맞춰 잘 유지하고 있는 것을 변화하는 것은 쉽지 않은 선택이었지만 나는 확신이 있었다. 그 믿음에 현재는 200명을 목표로 성장하고 있는 1호점과 2호점까지 개원할 수 있었다. 또한 큰 교육 회사에서 원장님을 교육하는 교육 전문 원장으로도 자신 있게 나의 경험과 노하우로 강의할 수 있게 되었다. 나만의 브랜딩으로 개인 창업이 두렵다면 기존의 시스템에서 가장 나의 가치관과 목표가 비슷한 곳을 찾아라. 기업의 탄탄한 기술력과 커리큘럼이 준비되어 있다면 여기에 나만의 색을 칠하자! 흔한 기성 제품이 아닌 어디서도 구할 수 없는 스페셜 에디션이 될 수 있다.

#일상으로 소통하다

원장님들의 멘토링의 시작은 강사로의 희로애락을 일상 공유하면서 시작되었다. 개인 블로그에 프랜차이즈 교육 첫날부터 공부방 사업자 등록증을 발급받는 것까지 모든 과정들을 실시간 업데이트했다. 매달 아이들의 학습상황과 상담 홍보활동과 홍보물품 내용들 준비 과정 등의 모습을 올렸다. 여기에 가정통신문이나 학습 액티비티 준비 방법까지 하나에서 열까지 모든 것을 다 공유했다.

그러다 보니 아이들이 늘어나는 만큼 프랜차이즈 가맹이 늘어나 어느새 하루에 100명 이상 들여다 보는 파워 블로거가 되어 있었다. 주로 M사의 프랜차이즈 공부방, 교습소, 학원을 준비하는 분들이었고 연락은 전화, 문자, 카카오톡, 인스타그램 DM, 블로그 댓글 등 다양했다.

주 중 오전에는 근처의 공부방이나 교습소에서, 주말에는 근교 도시에서도 직접 찾아오시기 시작했다. 인테리어라고 할 것도 없는

8개의 책상이 들어간 작은 방 안의 구조에서부터 블라인드와 책장, 하다 못해 연필꽂이 하나까지 다양한 질문들에 대답하기에 지쳐 결국 모든 물품들을 표로 정리했고 가격과 구매한 사이트 업체명 사용 후기까지 다 넣어두었다. 개별로 메일을 보내드리거나 미리 프린트해서 직접 챙겨 드렸다.

나 또한 표를 정리하며 학습의 노하우나 운영에서 확신과 열정이 더욱 생겼고 이는 나에게도 시너지로 작용할 수 있었다.

특히 운영의 어려움으로 마지막 동아줄처럼 찾아오던 분들이 계신다. 그분들은 메모는 물론이고 하나하나 사진도 찍으시며 나의 노하우를 놓치지 않으려 애쓰신다. 어느 정도 해법에 다가서며 밝아지는 얼굴을 뵙게 되면 나 또한 에너지를 얻고 기분이 좋아진다.

이 일을 하며 아이들에게서 얻는 무한의 감동 에너지도 있지만 다양한 원장님들을 만나면서 얻게 되는 고진감래의 에너지들이 있다. 인생의 쓴맛을 경험한 이들이 발산하는 성공에너지는 감동을 넘어서 나에게 희열을 가져다준다. 그분들에게 내가 도움이 되어서 감사하고 그분들이 더욱 잘되기를 진심으로 바란다.

#친절한 에이미

친절한 에이미, 이것이 나의 닉네임이다. 친절한 에이미는 원생들, 학부모님들, 원장님들께서 마치 호처럼 붙여준 나의 이름이 되었다. 친절의 가장 큰 원동력은 내가 아는 것을 알려주는 즐거움이다. 오지라퍼라는 말도 자선 사업가냐는 말도 너무 다 알려 주는 것 아니냐는 우려의 목소리도 있었지만 그런 것은 사실 전혀 개의치 않았다.

그리고 지금은 같은 프랜차이즈 브랜드가 아닌 다른 지역의 공부방 창업 준비 원장님들부터 현재 개인 교습소를 운영 중이신 원장님들과도 다양한 창구로 소통하며 코칭해 드리고 있다. 나의 한마디가 그들에게 힘이 되고 그들의 성공이 이제는 다시 나에게 돌아왔다. 멘토링으로 소득이 생기기 시작한 것이다. 그리고 이제는 나를 대표하는 또 하나의 명함이 되었다. 놀라운 일이다. 보상을 바라고 시작한 일이 아니었지만 보상이 생기니 더욱 확신이 생기고 방향과 목표가 분명해졌다. 어느 구름에 비가 내릴지는 그 비를 맞기 전까지는 알 수 없다. 나는 인생에서 여름의 시기를 준비하고 있다. 곧 우기가 올 것이다.

내가 뿌린 씨앗들이 뿌리를 내리고 그 단비를 맞고 나무로 성장하려 한다.

#어느 구름에서 비 내릴지 모른다

나의 나무 가지들이 향하고 있는 곳은 한국이 아니다. 건축가로 외국을 나갈 것이라 생각했는데 다른 직업으로 활동하게 될 줄이야.

인생은 알 수가 없다.

　나의 다음 과정은 비 영어 국가에 우리나라의 우수한 영어 교육 콘텐츠를 시작으로 다음 세대를 위한 한국 프로그램의 교육 환경을 조성하는 사업이다. 그 새로운 부캐는 2030년에 맞춰 시작이다. 나는 정아름, 에듀테이너 Amy. 비상교육 교육 전문 수석 원장, 학원 창업멘토, 모바일 쇼 호스트 로미언니, 이제는 글로벌 라이브 호스트를 준비하고 있다.

　올해 4월부터 영어권 튜터와 새로운 스피치 기술들을 영어로 원활하게 표현할 수 있도록 준비하고 있다. 이 새로운 활동은 바쁜 나의 삶에 활력을 더해준다. 단비를 맞아 본 사람은 그 다음 비를 준비한다. 지금 뿌리고 있는 꿈의 씨앗들이 그 비를 맞고 얼마나 성장하게 될지 알기에 이 모든 준비 과정들이 감사함으로 다가온다.

5

성장의 가치를 아는 정아름과
같이 쓰는 학원창업 성공기

#1:1 개별 맞춤 코칭 시스템 전문가

올해에는 학원 운영 외에 다양한 강의와 라이브 방송 그리고 학원 코칭일이 많아졌다.

그만큼 가장 바쁜 나날을 보내고 있다. 2022년 1분기에는 3개의 신규 학원을 코칭하고 있고 거리로도 1시간 이상 떨어진 도시들에 소재한 현재 운영 중인 또는 개원 예정 중인 원들이다. 예전 같았으면 꼭 만나야 일이 진행되는 줄 알았다. 얼굴을 보며 이야기를 나누려 각자 어렵게 시간을 맞추고 거리가 멀면 중간지점을 찾느라 힘들었다. 불행 중 다행인지 코로나의 영향으로 대부분이 온라인 소통에 부담이 없어 더 편하게 다양한 시간을 자유롭게 소통하고 있다. 우선 A 학원은 해외에 오래 계셨던 유학파 원장님이지만 그만큼 대한 민국 학부모님과 학생의 성향을 알지 못했다. 여기에 한국식 홍보 방법도 이해하지 못했다.

개원을 한 지 6개월 되었지만 원장님의 출중한 실력에 비해 초중 등 원생은 거의 없고 토익스피킹을 준비하는 대학생들만 개인 수업 을 하고 계셨다. B 학원은 9월 오픈을 목표로 준비 중인 원서 전문 영어학원이다. 초등부터 고등 대입까지 강사 경험은 많지만 2번의 출산으로 경력이 단절된 더구나 운영은 처음인 초짜 원장님이었다. 여기에 준비 없이 상가부터 계약하고 그날부터 밤잠을 설치실 정도 로 고민만 쌓아 가고 있었다. 그리고 C 학원은 개원한 지는 3년 차 지만 동네에서도 이름을 잘 모르는 인지도가 너무 없는 학원이다. 그들 모두 다양한 방법으로 나에게 멘토링을 요청하셨다. 원장님들 께는 죄송하지만 의뢰를 받을 때마다 조금은 짜릿하다는 생각이 들 었다.

그중 가장 기억에 남는 사례는 공부방으로 원생 10명 정도를 2년 째 유지만 하시다가 멘토링을 받고 학원으로 확장하신 원장님이신 데 현재 200명대의 원생을 관리하고 계신다. 모두들 잠재된 능력이 뛰어나지만 자신이 처한 상황에서 무엇이 필요하고 무엇을 정확히 선택하기란 매우 어려운 일이다. 대다수의 신규 원장님들이 그럴 것 이다. 주위에 많은 정보들이 있지만 위 사례들처럼 모든 원장님들이 마주한 상황들은 다 다르다. 개인 교습소 학원 인가부터 로고, 간판, 시설물 인테리어까지 각 단계마다 순간적으로 막막하고 해결해야 할 것들이 많다. 이때 친절한 에이미가 도움 드릴 수 있었다.

#지치지 않는 응원단장

나는 나의 경험이 이제 얼마나 큰 자산인지 잘 알게 되었다. 자존감도 높고, 학벌도 좋으며 학습 트렌드도 잘 아는 소위 능력자들도 결국 혼자서는 불가능하다. 아이든 어른이든 멘토의 역할이 정말 중요하다. 100% 완벽한 사람은 없다. 하지만 2%만 바꾸면 더 잘될 사람은 많다. 그리고 신기하게도 나는 이제 성공할 사람이 보인다. 언제부터인지는 모르겠다. 프랜차이즈로 많은 원장님들을 만나고 모든 동기부여 세미나를 참석하고 전국의 잘되는 원장님들을 나 또한 찾아다니면서 어느 순간 잘될 사람들이 보이기 시작했다. 정확하게는 아우라가 느껴지기 시작했다. 성공하는 사람들을 보며 배우며 어느새 사람에 대한 안목이 생긴 것이라 생각된다.

사실 모든 사람들의 성향을 다 맞춰 코칭을 하기란 쉽지는 않다. 2%만 바뀌면 성공할 사람들을 내가 못 지나치겠는 것이다. 유독 한 원장님이 그랬다. 열정도 크고 학원의 성장도 바라시지만 그 열정을 모두 쏟는 것에 대한 부담감과 그리고 다른 사람과 정보를 공유하는 것에 대한 경계심이 있었다. 분명 더 성장할 수 있는 역량과 학원 규모가 있는데 매우 아쉬웠다. 그래서 계속 들이댔다. 같이 더 성장하자고, 매주, 매달 분기별 계획을 세우고 자극을 주기 시작했다. 아침 점심 저녁 연락을 했다. 초반에는 내 자극이 부담되어 연락을 피하시기도 했지만 일 년쯤 지나니 대가 없는 나의 진심을 알아봐 주셨다.

나는 그분의 지치지 않는 응원단장이었다. 그리고 진심으로 변화와 성장을 꼭 보여주고 싶었다. 현재 그 원장님은 3년째 나와 같이 성장 중이시다. 지금은 지치지 않고 계속 함께해주어 고맙다고 하신다. 그런데 재미있게도 그 원장님을 멘토링하는 과정에서 내가 운영하는 학원들도 더욱 탄탄해지고 성장을 했다. 그리고 이제 그분이 나의 지치지 않는 응원단장이 되어 주셨다.

#'같이'의 가치

"빨리 가려면 혼자 가고 멀리 가려면 같이 가라"는 말이 있다. 살다 보니 다양한 경로를 통해 '같이'할 사람들을 만날 수 있었다. 커뮤니티 전문가라는 말이 있다. 전문가가 커뮤니티를 만드는 것이 아니다. 커뮤니티가 당신을 전문가로 만들어 준다. 나는 비상교육에서 만난 골든클럽 멤버들과 전국 탑텐을 위해 매달 만나며 홍보와 운영 노하우를 공유한다. 지역 외국어분과회를 통해 결성된 원장님들의 모임에서는 같은 지역 안에서 학원 운영과 교육사업의 비전에 대해 진솔하게 고민도 하고 해결방안도 같이 찾아간다. 십 년째 활동하는 연화당 골프 멤버들은 다양한 직업군에 연령대가 다양하다. 명랑골

프를 통해 만났지만 서로를 응원하고 다른 영역의 전문가의 관점에서 나의 사업성을 비판해주신다. 특히 연화당에서는 내가 막내라 띠동갑 언니들에게 사랑과 관심을 듬뿍 받는다. 체력과 자존감이 같이 쌓이는 꼭 빠지지 않는 커뮤니티다.

그리고 최근의 합류한 커뮤니티 트윙클 컴퍼니는 작년에 만나 나의 인생에 터닝포인트가 되었다. 매력적인 마흔을 준비하고자 부캐를 만들려 왔는데 나의 모든 단점들을 마술처럼 업그레이드 시켜 메인 캐릭터를 더욱 강화해 버렸다. 하나를 얻으려 시도했는데 마치 101개의 기회를 얻어, 지금도 트윙클효과를 톡톡히 보고 있다.

김호연 작가의 『불편한 편의점』에 이런 문구가 있다. "행복은 뭔가 얻으려고 가는 길 위에 있는 것이 아니라 길 자체가 행복이라고 그리고 우리는 그 길에서 만나는 모든 이에게 친절해야 한다고"

길을 걷자. 친절함을 무기로 인생을 계획하고 자신을 성장시키며 길을 걷자.

친절한 에이미가 '같이'의 가치를 알려주리라.

비록 아무도 과거로 돌아가
새 출발을 할 순 없지만
누구나 지금 시작해
새로운 엔딩을 만들 수 있다.
-칼 바드-

6

실전 강사, 실전 코칭

#나를 따라 강사 창업을 해야만 하는 이유

다양한 명함을 가지고 있는 나의 대표 직업은 강사이다.

강사라는 영역은 자기 계발이 지속적으로 이뤄져야 하는 것이 가장 큰 매력이기도 하다.

강사는 이끌어 내야 하는 대상에 따라 카멜레온 같은 변신을 할 수 있어야 하고 트렌드에 맞춰 가르치는 대상에 따라 준비하고 공감하고 이끌어가는 능력을 갖춰야 한다. 그리고 무엇보다 다가올 시대에는 시공간과 직업의 영역을 넘어 상상 이상의 수입과 시간적 자유를 벌 수 있다는 것도 매력 포인트다.

성공한 강사가 되기를 원하거나 새로운 영역에 도전을 하고 싶다면 분명 나의 경험이 큰 도움이 될 것이다.

#성공할 수밖에 없는 감성코칭

아이들을 가르치는 강사일 때는 다양한 아이들을 위한 개인 학습 도우미가 되어야 한다.

100명의 아이들이 있다면 100가지 맞춤형 학습로드맵을 준비할 수 있어야 한다.

그리고 다양한 연령대의 아이들의 성향과 인지발달 또는 목표에 따라 발전될 수 있도록 이끌어가기 위해서는 감성 터칭이 중요하다. 학습시간이나 학습량의 수치보다는 목적에 맞는 가이드라인을 잡아주고 도달할 수 있도록 동기부여와 격려가 필요하다. 학습에 대한 긍정적인 마인드와 성취감으로 일궈 낸 꾸준함이 아이들이 갖춰야 하는 가장 큰 학습원동력이다.

그리고 그 꾸준함을 갖춘 학습체력은 학습자의 감성 관리에서 가능했다. 지난 14년간 아이들을 가르치며 내가 체득해온 학습관리는 지금 트렌드와 맞아 떨어지며 성공적인 결과물을 창출했고 주변 사람들로부터 인정을 받기 시작했다.

2호점까지 개원을 하고 본사의 전문경영위원과 수석교육위원을 맡고 학원 운영에 성장세를 꾸준히 가져갈 수 있었던 가장 큰 힘은 학생과 학부모를 밀착 관리하는 감성코칭이었다.

학습의 우수한 콘텐츠는 기본으로 다양한 이벤트와 따뜻한 감성을 지닌 관리체계가 그 핵심이었다.

특히 코로나 시기와 최근 2022 교육과정이 발표되고 고교학점제가 등장했을 때 나의 교육철학이 가장 인정을 받을 수 있었다. 공교육에서 4차 산업혁명과 코로나 시대를 통해 알파 세대들에게 요구되어지는 것은 예측할 수 없는 상황에서의 대처능력이었다.

학교 성적이 달성되고 나서는 개인의 진로에 따른 포트폴리오를 준비해야 하고 아이들마다 스스로 선택한 진로 포트폴리오에 맞춰 원하는 대학을 갈 수 있게 되는 방식이었다. 진짜 시대가 바뀌고 학습방법도 바뀌고 평가방식이 바뀌었다.

아이들의 살아갈 세상은 확연히 우리 때와는 전혀 다르다. 먼저 경험한 사람이 아니라 이제는 새로운 상황들을 경험할 그들의 대처능력과 더 몰입해야 할 학습력을 길러 줘야 하는 강사이기에 학습의 기술이 아닌 학습의 방법을 찾아가는 도우미 역할이 되어야 하는 것이 맞다.

학생들이 가지는 심신의 컨디션과 학습상황의 변화들을 관리해 줄 역량이 현재의 강사들이 가져야 할 능력이다. 그리고 계획적이고 따뜻한 감성 코칭이 내 전문 영역이다.

내가 만든 /인 창업 시스템이란?

#같이의 가치를 아는 정아름과 같이

강사를 가르치는 강사일 때는 퍼스널 내비게이션이 되어야 한다.

막 첫 수업을 시작한 초보강사, 개인 공부방이나 교습소를 개원했거나 그리고 오랜 운영에 방향성을 잃어가는 학원의 원장님들까지 나를 찾아오는 강사들은 다양했다.

그들이 아무리 성인일지라도 공부방이나 교습소 및 학원의 창업 또는 운영에서는 매일이 새롭고 모든 상황들이 낯선 초행길일 것이다. 이 안에는 한 가정의 생업일 때의 간절함, 보조 수입원이더라도 자신의 가치를 증명해 내고 싶은 진지함과 세상의 경험을 쌓기 위한 열정페이의 순수함이 담겨 있었다. 그리고 내가 만난 그들은 강사로서의 선한 영향력을 바탕으로 희망과 열정이 있었으며 분명한 목표점을 가지고 있었다.

그렇지만 그들의 출발점과 도착점은 각기 다르다. 내비게이터인 나에게 부가 비용이 더 들더라도 최단거리나 최단기간을 요구하는 경우도 있고, 시간적으로 더디고 돌아가도 되니 추가 비용 없이 자신의 속도를 유지하길 원하는 경우도 있었다.

사실, 어른들이 학력, 종교, 신념, 가치관, 자존심 등 더 많은 아집을 가지고 있어 아이들을 코칭할 때보다 훨씬 많은 에너지가 든다. 대신 이 경우엔 코칭가인 나보다 더 큰 성공과 도약으로 후일에는 내가 오히려 더 큰 도움을 받게 되는 경우도 많다.

인생의 긴 여정에서 누가 먼저 시작하냐는 것은 결코 중요하지 않단 말이다. 나도 리더 또는 헬퍼 역할을 할 때도 있고 멘토에서 멘티로 서로 주고받는 상생 관계도 있다. 상황과 영역에 따라 관계는 늘 새롭게 만들어 질 수 있다.

다양한 관계 속에서 나의 경험과 노하우가 그들에게 도움이 되었을 것이고 이렇게 또 쌓여가는 지식들이 다음 누군가의 씨앗의 움을 틔울 밑거름이 될 수 있다고 생각하니 어떠한 상황도 고맙게 느껴지며 목표를 달성했을 때는 나도 그들처럼 충만한 행복함과 성취감을 맛볼 수 있어 좋다.

두드리고 열고 찾아오시라. 친절한 에이미가 최적화된 코스로 누구보다 편안하고 안전하게 꿈을 향해 응원으로 같이 나아가 가치를 찾을 수 있게 도와드리리라.

김지영

연극을 전공하고, 배우로 활동 중이며,
현장에서의 숙련된 전문 연기를 교육에 접목시켜 활동 중인 예술가이다.
무대 위에서는 배우의 모습으로, 교육 사업에서는 무대 위에서 갈고닦은
노하우를 수강생들의 눈높이에 맞게 적용하여 연극을 기반으로 한
맞춤식 교육을 진행하고 있다.
전문가를 배출하기도 하고, 입시생을 합격시키기도 하고, 학교 강의를 통해
교육 연극을 진행하면서 연극이 우리의 삶에 다양한 모습으로
녹아 있다는 것을 느끼는 중이다.
강사를 준비 중인 많은 분들과 생각만 하고 미처 실천할 용기를
내지 못하는 분들께 이 책이 동기 부여가 되길 바란다.

현)극단_돼지 단원, 연극배우
한국예술교육진흥원 14년차 전문연극강사
연기입시학원 원장출신_ 입시,오디션,연기 전문가
연극테라피 전문가
스피치 교육 강사
모바일 쇼호스트

이메일   helike@hanmail.net
인스타ID @helike0718
블로그   찌요이 https://blog.naver.com/helikeo

Kim Jiyoung

1

84년생 김지영,
홍반장이 되기까지

#평범한 이름을 가졌다고 꿈까지 평범하진 않아

누군가 그랬다. 인생은 타이밍이라고. 나의 타이밍은 언제일까 묻는 이가 있다면 나는 지금이라고 얘기해 주고 싶다. 지금은 현재 진행형이기도 하고 내일의 지금과, 한 달 후의 지금, 몇 년 후의 지금까지 언제나 찾아온다. 현재에 충실하는 지금 이 순간이 나의 타이밍이자, 이 책을 읽는 독자들의 타이밍이라 말하고 싶다.

84년생 김지영. 그 시절 부모님들에게 사랑받던 작명이라 그런지 내 주변에도 지영이는 너무나 많다. 김지영, 이지영, 박지영, 최지영 등등 생각해 보면 학창 시절 같은 반에 동명이인, 많게는 삼인까지 지영이란 이름은 흔했다. 큰 지영이, 작은 지영이, 이쁜 지영이

까불이 지영이, 6반 지영이 등 수식어가 붙여지기도 했던 나는 84년 생 김지영이다.

소설로 이슈가 되고 영화로 제작 되면서 더 큰 이슈를 불러온, 흔하다면 흔하고 평범한 이름 김지영이 바로 나의 이름이다. 이름 이야기를 하는 이유는 나의 꿈과도 관련이 있다. 혼자 있는 시간이 많았던, 어릴 적 나의 꿈은 영화나 드라마 속에서 다양한 삶을 사는 모습을 그려 내는 배우였다. 그런 의미에서 김지영은 정말 많기도 하고 배우 이름으로는 평범한 이름이라고 생각했다. 그리고 이미 배우 중에도 김지영이 많기도 하다. 하지만 내 안에 담긴 것들은 이 세상에 하나 뿐이고, 그 김지영은 세상에 오직 단 하나 뿐이다.

어린 시절 누구나 한 번쯤은 장래 희망을 적어낸 기억이 있을 것이다. 당시 나의 또래 친구들의 꿈은 선생님, 대통령, 과학자, 변호사, 의사가 대부분이었는데 지금 돌이켜 생각해 본다면 나의 꿈은 조금은 특별했다. 나의 꿈은 단 한 번도 흔들리거나 변함이 없었다. 마치 길이 하나밖에 없는 일방통행처럼.

#무소의 뿔처럼 혼자서 가는 길

세상에 쉽지 않은 일이 어디 있겠냐만 내가 선택한 길 역시 순탄하지는 않았다. 선택에는 언제나 책임이 따랐고 배우의 길은 멀고도 험했다. 가족의 희망과 친구들의 기대, 주변 모든 이들의 걱정,

미래에 대한 불안감은 풀지 못한 숙제처럼 남겨졌다.

"무소의 뿔처럼 혼자서 가라." 내가 참 좋아하는 말이다. 유명한 소설의 제목이기도 하고 초기 불경의 『수타니파타』에 들어 있는 시의 후렴구이기도 하다. 대학 시절 우연히 공연을 보게 되었는데 자신의 소신을 가지고 당당하고 자유롭게 너의 길을 가라고 말하는 부분이 아이스 꽁꽁처럼 얼어 있던 내 마음에 따뜻한 위로가 되었다. 하지만 위로만으로도 채우기 힘든 부분들은 언제나 존재했다. "배우는 배고픈 직업이야. 배우는 가난할 수밖에 없어." 대부분의 사람들이 말하는 현실적 조언들이다. 처음엔 이 말들을 이해할 수 없었다. 하지만 현장에 직접 녹아 경험해 보고 나니 이해가 되었다. 돈이 안 되면 돈 되는 일을 해야지. 돈 되는 일로 돈을 벌고 좋아하는 일을 해야지. 그렇게 시작한 일이 연기 액팅 코칭 강사였다. 연기 입시 학원에 들어가 연기 입시 반, 예비 반을 가르쳤고 개인 레슨을 통해 성인, 직장인 취미 반, 더 나아가 학교 예술 교육 분야로 다양하게 영역을 넓혀 갔다. 문화예술교육사 2급 자격증도 취득했다. 오롯이 배우를 계속하고 싶은 마음에 시작한 일이 어느덧 14년 차가 되었다. 가르치는 일은 배우와는 또 다른 부분에서 매력이 있고, 무엇보다 즐겁다. 이 일을 통해 많은 사람들을 만나게 되면서 사람들과의 인연을 소중하게 생각하게 되었다. 공연 예술은 혼자서는 할 수 없는 공동 작업이다. 함께할 때 완벽한 결과물을 얻을 수 있다. 세상엔 참 많은 사람들이 있고 그들 하나하나 모두가 소중하고 특별하다. 나는 그 특별한 사람들이 빛날 수 있도록 돕는 일들이 즐겁다. 또한 그들이 빛날 때 나도 빛이 난다.

나와 함께하는 사람들이 나로 인해 변해가는 과정을 체감하며, 또 그들과 소통하면서 많은 것을 깨닫는다. 말로는 설명할 수 없는 성취감이야말로 강사로서의 김지영을 존재하게 한다. 물론 배우로서의 자리도 굳건히 지키면서 배우가 직접 코칭 하는, 신뢰 가는 연기 액팅 코칭 강사의 길을 오랫동안 걸어가는 것이 나의 또 다른 꿈이기도 하다.

#만약에 내가 홍반장이라면?

어디서나 누구에게 무슨 일이 생기면 나타나는 홍반장. 다재다능하고 못하는 게 없는 캐릭터다. 멀티가 가능한 홍반장처럼 하루가 다르게 변해 가는 지금 시대에 발맞춰 열심히 뛰고 싶다. 나를 필요로 하는 일들이 많이 생길 수도 있고, 내가 직접 할 수 있는 일들을 찾아내기도 하면서 하루 24시간이 모자랄 정도의 열정적인 삶을 그려 본다.

상상하는 일은 돈이 들지 않는다. 러시아의 극 연출가 스타니슬랍스키의 연기법에 '만약에 내가 000이라면'이라는 메소드 연기법이 있다. 현재 자신이 하고 싶은 일들이 있다면 일상 속에서도 상상하는 삶을 만들어 보자. 구체적이면 더 좋다. 그 상상이 현실이 되는 순간들이 반드시 온다.

"넌 정말 홍반장 같아." 사람들이 무슨 일을 그렇게 많이 하냐고 묻는다. "아직 못 해본 일이 더 많은데요?"라고 말하고 싶지만 욕심쟁이 같아서 아껴 두고 있다. 인생은 한 번뿐이니까 하고 싶은거, 할 수 있는 건 다 해봐야 되지 않겠나? 요즘 내 머릿속에 가장 많은 부분을 차지하고 있는 생각들이다. 하고 싶어도 하지 못하는 날이 오기 전에 하나씩 해 나가고 싶다.

이번에 공동 저서를 하게 된 일도 새로운 도전이고 해보고 싶었던 일들 중 하나이다. 나의 이야기들을 어떻게 풀어내야 온전한 내 마음이 독자들에게 잘 닿을 수 있을지, 이 글을 쓰고 있는 지금도 너무 떨리고 설레인다. 상상해 보라. 당신도 충분히 할 수 있는 일이다. 나의 이야기들을 넘기면서 함께 상상하고 함께 그려보길 바란다. 무엇을 상상하고 무엇을 그리든 상관없다. 그 시간이 즐겁고 행복하기만 하다면 그것만으로도 충분하다.

2

fade-out¹은 fade-in²을 기다린다

#해피 엔딩으로 가는 과정일 뿐

누구나 한 번쯤은 영화 또는 연극의 장면 속 주인공이 되는 상상을 해봤을 것이다. 멜로, 액션, 코미디 장르를 가리지 않고 인상 깊었던 장면을 떠올리며 주인공이 되는 상상을.

영화나 연극은 사건 또는 갈등이 반드시 존재한다. 또한 해피 엔딩, 새드 엔딩, 열린 결말처럼 다양한 엔딩이 기다리고 있기 마련이다. 물론, 내 인생 영화 속에서도 예외는 아니었다. 배우로 활동을

---

1 fade-out(페이드아웃), 영화나 연극에서 어느 장면의 끝에 화면이나 무대가 처음에는 밝았다가 차츰 어두워져서 사라지는 수법.

2 fade-in(페이드인), 연극이나 영화에서 어두운 무대나 화면이 점차 밝아지는 수법.

하면서 액팅 코치로 활동할 수 있는 좀 더 많은 기회를 갖게 되었을 때쯤, 감사하게 좋은 결과물들을 얻게 되면서 나는 이 분야에서 나름 인정받는 사람이 되어 있었다. '꿈을 크게 가져야 크게 성장할 수 있다'라는 이야기에 솔깃해서 겁도 없이 내 인생 첫 교육 사업을 시작하게 된 순간이기도 했다. 내가 가진 능력을 필요한 사람들에게 나누어 주고 싶다는 생각으로 학원을 오픈했고, 결과는 참패였다. 지금 돌이켜 생각해 보면 사업이라는 것에 대한 기본적인 지식도 없이 덤벼들었으니 당연한 결과였다. 마케팅에서부터 광고 홍보, 이런 부분은 전혀 생각하지도 않았고 그냥 입소문으로 찾아오겠지 하는 안일한 자세로 사업을 한다고 뛰어들었으니 잘될 일이 있었겠나? 지금 다시 생각해 봐도 아찔하다. 물론 나를 믿고 함께 따라와 준 학생들은 끝까지 책임져야 했기에 입시를 무사히 마무리했고, 나의 첫 교육 사업은 찬란한 흑역사로 마무리되었다. 내 인생 첫 슬픔의 고배를 경험했던 2년이란 시간 동안 나는 참 많은 것들을 배우고 느낄 수 있었다. 그렇다면 내 인생 영화의 한 장면인 이 시간들은 새드 엔딩일까? 아니다. 나는 그저 해피 엔딩으로 가는 과정이었다고 말하고 싶다.

#인생은 캔디처럼

'외로워도 슬퍼도 나는 안 울어. 참고, 참고 또 참지 울긴 왜 울

어. 웃으면서 달려보자. 푸른 들을 푸른 하늘 바라보며 노래하자.'
이 노래를 알고 있다면 당신도 나와 같은 세대임에 틀림없다. 들장
미 소녀 캔디 주제가이다. 들장미 소녀 캔디는 기본적으로 캔디라
는 밝고 씩씩한 소녀가 성장하여 자신의 인생을 개척해 나간다는 이
야기인데 우리나라에서 방영 이후 고난을 헤쳐 나가는 주인공을 '캔
디형주인공'이라 부르게 되었다고 한다. 그렇다. 이렇게 캔디를 언
급하는 이유는 내가 캔디가 되어야 했기 때문이다. 실패를 경험하고
통장에 마이너스를 찍어 본 경험이 있다면 공감할 수 있을 것이다.
마냥 좌절하고 있을 수는 없었기에 다시 일어서야 했고 구체적인 계
획을 세우진 않았지만, 뭐라도 해야겠다는 생각으로 들어오는 일은
뭐든 했다. 하다 보니 하게 되고, 하게 되니 돈이 되고, 돈이 되니 사
람이 따랐다. 결국 발등에 불이 떨어지면 다 하게 되더라. 그러니 이
책을 읽고 있는 당신도 할 수 있다. 물론 발등에 불이 떨어지기 전에
알게 된다면 나와 같은 흑역사의 경험은 하지 않을 수도 있겠지만,
때론 흑역사를 써보는 것도 나쁘진 않다. 백 번 쓰러지면 백한 번 일
어서면 그만이다. 일어설 의지만 있다면, 일어설 수밖에 없는 상황
이 만들어진다면 백 번이고 천 번이고 쓰러져도 다시 일어난다. 경
험을 바탕으로 한 가지 조언을 해보자면, 철저한 계획을 세우고 준
비를 단단히 해서 하는 것도 중요하지만 때론 별 계획 없이도, 준비
를 하지 않아도 할 수 있는 일들이 많다. 그러니 당장 그게 무엇이든
하고 싶은 일이 있다면 실행에 옮기길 바란다. 안 되면 다시 하면 된
다는 생각으로 말이다.

#두 번 사는 인생

"평범한 인생을 사는 것이 제일 힘든 일이란다." 나의 아버지가 내게 늘 해 주시는 말이다.

다시 말해 나의 인생은 평범하지만은 않았다는 이야기. 앞에서 이야기했듯이 첫 학원 사업 실패는 어떻게 보면 내 인생에 가장 큰 시련은 아니었다. 나는 죽음의 문턱에서도 살아난 끝판왕 경험자이다. 물론 이 일은 학원 사업을 시작하기 전의 일이다. 지금은 웃으면서 이야기 할 수 있는 추억이 되었지만 그날의 기억은 아직도 생생하다.

유난히 푸르렀던 주말 낮, 고속도로에서 상상할 수 없는 사고를 당했다. 뉴스에도 나올 정도로 큰 사고였다. 당시 내가 몰던 차는 전소 처리가 되었다. 사고의 수위를 봤을 때 살아난 것이 기적이라는 이야기를 수도 없이 들었다. 이 사고로 오랜 시간 동안 병원 생활을 하며 재활치료를 해야 했고 여러 후유증을 이겨 내야 했다. 쉽지 않은 시간이었다. 수없이 많은 눈물로 밤을 지새웠다. 이러다 내 인생이 여기서 끝이 나 버릴까 봐, 다시 시작할 수 없을까 봐. 여러 가지 어둠의 생각들이 나를 더욱더 힘들게 만들었던 시간들이 있었다. 하지만 살아난 것도 기적이라고, 새롭게 태어났다고 생각하면 못할게 없다는 많은 조언들이 내 생각을 바꾸었다. 지금 생각해 보면 감사하게도 당시 내 주변 사람들 덕분에 힘을 낼 수 있었다.

'발상의 전환.' 가르치는 학생들에게 내가 가장 많이 하는 말인

데, 나는 왜 이 생각을 하지 못했을까? 나부터 다르게 생각해 보자 했다. 나는 이제 다시 태어난 김지영이라고. 그러니 당장 내일이 없을 것 같았던 내게 선물 같은 하루하루에 감사하고 싶어졌다. 그리고 '좀 더 많이 나누고 착하게 살아야겠다.'라는 마음을 다지게 된 계기가 되기도 했다.

누구나 태어나면 죽기 마련이다. 하지만 죽음을 겪어 보기 전까지 내게 남은 삶의 시간이 얼마나 주어질지 아무도 모른다. 그렇기에 가치 있는 삶을 살자 했다. 불멸하지 않는 삶이라는 것을 알기에 살아 있을 때 스스로 하고 싶은 일들을 정하고 실천해 보자. 우리의 삶은 소중하고 나, 너, 우리는 그 존재만으로도 빛이 난다. 빛나는 존재의 가치 있는 삶을 꿈꿔 보자. 나 역시 지금, 그 길로 가고 있는 중이다.

#페이드인·아웃은 ing 중(현재 진행 중)

보통 장면 전환에 페이드인과 아웃이 사용되는데, 이때 관객들은 감정을 추스르기도 하고 앞에서 본 스토리를 정리하는 시간을 가지게 된다. 물론 누군가에겐 쉬어 가는 타임이 되기도 하고.

나의 페이드 인·아웃은 계속 진행 중이다. 어찌 보면 내 인생 영화 속 결말은 아직 정해지지 않았다는 사실이기도 하다. 액팅 코치의 길을 걸어가면서 겪는 시행착오 역시 끝나지 않았고, 다가올 미래가 어떻게 될지는 아무도 알 수 없다.

미국의 여성 방송인인 오프라 윈프리는 이런 말을 했다. "나는 미래가 어떻게 전개 될지는 모르지만, 누가 그 미래를 결정하는지는 압니다."라고. 나의 노력에 의해 미래가 어느 정도 예측이 가능하다는 것이다.

나는 해피 엔딩을 꿈꾼다. 액팅 코치로서의 해피 엔딩을 위해 작은 것 하나라도 놓치지 않기 위해 부단히 노력하는 삶을 사는 중이다. 도전하는 것에 두려워하지 않고 작은 성공이라도 놓치지 않기 위해 성공 경험을 쌓는 노력을 하고 있다. 이것은 자존감과도 연결된다. 무언가 '해내었다'라는 성취감의 경험은 자존감을 쌓아가는 바탕이 된다. 그러니 작더라도 해낼 수 있는 일들을 많이 경험하길 바란다. 그리고 반드시 생활 속 실천으로 이어 가라. 이를테면 수업 대상에 따라 눈높이를 맞추기 위한 '아이스 브레이킹 법 매일 생각하기.' 또는 '나의 기분이 태도가 되지 않게 하기.' 나는 현재 시점에서 이 두 가지를 두고 성공 경험을 쌓기 위한 리스트로 적어 보았다. 쉽지 않은가? 이런 실천은 성공 경험으로 당신의 높은 자존감과 앞으로 만나게 될 당신의 일을 성공으로 이끌어 줄 원동력이 될 것이다. 그러니 기왕이면 반드시 자기가 좋아하는 일을 하길 바란다. '지금' 내가 좋아하는 일을 한다면 성공 확률은 반드시 더 높아질 테니.

③

눈을 감아도 닿을 수 있는 건
진심밖에 없더라

#항상 진심이었다

"누군가를 신뢰하면, 그들도 너를 진심으로 대할 것이다. 누군가를 훌륭한 사람으로 대하면, 그들도 너에게 훌륭한 모습을 보여 줄 것이다." 미국 사상가이자 유명시인인 랄프 왈도 에머슨의 명언이다.

항상 진심이었다. 누군가를 가르치는 일은 생각보다 어렵고, 신경 써야 할 부분들이 많다. 우선 나부터 많은 지식과 노하우가 있어야 한다. 나는 내가 알고 있는 만큼 나누어 줄 수 있다는 생각에 많은 노력으로 내공을 쌓아 왔다. 사람과 사람이 함께 소통하며 이루어지는 작업이이기에 교감하며 공감대 형성을 하고 작은 부분 하나하나 놓치지 않고 관심을 가지려 했다. 처음엔 돈을 벌고자 시작했던 일이 돈이 전부는 아니라는 깨달음으로 느껴진 순간, 돈의 값어치보다 더 값진 소중한 것들을 얻게 됐다.

　액팅 코치를 하면서 참 많은 사람들을 만났다. 어린아이에서부터 장애를 가진 사람들, 노인에 이르기까지. 그때마다 나는 철저하게 수강생과 같은 눈높이로 시선을 맞추고 그들의 입장이 되어 보는 시간을 가졌다. 공장에서 찍어내듯 가르치는 강사로 남고 싶지 않았기에 나와 만나는 수강생 한 명 한 명에게 꼭 맞는 맞춤식 교육을 해주는 것이 나의 목표였다. 그런 나는 '친절하다'라는 말을 유독 많이 듣는다. 참 기분 좋은 말이다. 친절해서 물어보기 편하고, 친절해서 잘 알려주고, 친절해서 친근감이 간다고 하니 이 말을 들을 때마다 더 열심히 가르치고 싶어진다. 한번은 김천에 위치한 복지관에 연극 테라피 강의를 한 적이 있었다. 정신 지체 장애인들을 위한 연극 치료 수업이 주 강의였다. 솔직히 다른 강의보다 더 많이 긴장하고 준비를 했는데 막상 수강생들을 만나고 나니 내가 편견을 가졌었나? 하는 생각에 부끄러워졌다. 각자 모두 다른 사연을 가지고 있지만 너무나 평범한 사람들이었고, 그 누구보다 솔직하고 순수하고 맑은 분들이었다. 오죽했으면 강의를 하러 와서 오히려 내가 힐링을 하고 가는 기분이 들 정도였을까. 무엇보다 보람된 일은 그들이 종강이 되었을 때, 처음의 모습과는 너무 많이 변화되고 밝아졌다는 것이다. 또한 자신을 표현하는 일에 있어서 자신감을 갖게 되었다라고 말해 준 순간이었다. 최종적으로 기관에서도 만족하는 강의로 인정을 받고 눈에 띄게 변화한 수강생들의 모습으로 뜨거운 반응을 얻게 되면서 수입도 배가 되고 보람은 두배가 될 수 있었다. 이 모든 결과물은 나의 진심과 그들이 진심이 전해졌기에 가능한 일이었다.

#모세의 기적만 있는 것이 아니라 입시의 기적도 있다

액팅 코치로서 강사 활동을 하면서 성공 사례에 빠질 수 없는 부분이 입시생들의 합격이다.

우리나라에서 고3의 입시란 대기업 입사를 능가할 정도로 힘든 일 이다. 특히나 예체능 실기를 보는 연기 입시 분야는 준비해야 할 것들이 많다. 지역마다 특색이 있는 대학들의 조사가 이루어져야 하고 기본적으로 학생들이 희망하는 대학에 진학할 수 있도록 맞춤식 교육이 필요하다. 문제는 턱없이 높은 상향 지원을 원하는 학생들이 많다는 것. 자기 자신을 제대로 보라고 말하고 싶다. 어떤 일을 시작할 때 가장 먼저 해야 하는 일은 현재 자신의 상태를 잘 파악하는 것이다. 그리고 부족한 부분을 채워 넣는 작업들이 필요하다.

사람들 저마다 장단점이 있고, 그 장단점은 개인 고유의 특색이 있기에 모두가 다를 수밖에 없다. 장점은 살리고 단점은 보완 혹은 철저히 숨기는 것이 입시 전략이다. 입시를 준비하다 보면 다양한 학생들을 만나게 되고 그들의 색을 찾는 일에 몰두하게 된다. 당연히 학생들은 자신이 할 수 있는 그 이상의 노력과 최선을 다한다. 나는 맞춤식 교육을 하기 위해서 눈높이에 맞는 소통 방식과 제대로 알 때까지 알려 주는 일을 반복한다. 다수의 학생들에게 피드백을 하고 이해가 되었냐고 물어보면 대부분 돌아오는 대답은 '네'이다. 그러나 이해가 되었다면 다시 해보자고 이야기한 후 결과를 들여다 보면 결론적으로 대부분 제대로 이해하지 못한 경우가 대다수이다. 무엇이 문제인지 생각하고, 모르면 모르겠다고 솔직하게 이야기해야 변화가 생길 수 있다. 솔직하게 이야기하고 풀리지 않는 부분을 제대로 풀어주기 위해 노력하고 연습하는 일을 반복하다 보면 학생의 연기에 변화가 생기기 시작한다. 이런 작업을 통해서 학생들은 변화하고 스스로 깨달음을 얻으면서 수시와 정시를 치르게 된다. 그러다 보니 학생들 사이에서 입소문이 나기 시작했고 상담 세례를 받기도 했다. 친구들 손을 잡고 수업을 듣고 싶다고 찾아오는 친구들이 많아지면서 클래스가 늘어나고 학생 수가 늘어났다. 물론 강사로서의 부담을 느끼게 되는 순간들도 있었지만 사명감과 책임감을 가지고 할 수 있는 최선을 다했다. 결과적으로 나와 함께한 입시생들이 원하는 대학에 진학을 하게 되었고, 가르침의 보람과 함께 통장의 잔고 숫자도 비례적으로 늘어났다. 스타 강사란 이런 기분이 아닐까? 무엇보다 늘어난 통장 잔고 숫자만큼 더 뿌듯한 일은, 아직도 잊지 않고 찾아주는 제자들이 있다는 것이다. 기쁜 일이나, 슬픈 일, 고민이 있거나 할 때 연락이 오고 안부를 묻는 일만큼 기쁜 일은 없을 것이다. 언제나 그들이 가는 길에 어떤 모습으로든 도움이 되는 뿌리 깊은 나무 같은 선생님으로 남기 위해 오늘도 나는 노력 중이다.

#무한동력, 김지영 강사님만이

"내가 원하는 것들을 이루기 위해서는 내가 나 자신이 가치 있다고 믿어야 한다. 내가 나를 믿어주지 않는다면 앞으로 나아갈 수 있는 원동력이 없는 것이다." 나폴레옹 힐의 명언 중 한 구절이다.

강의 경력이 늘어나는 만큼 찾아주는 사람들이 많아졌다. 어떻게 알고 연락을 주셨냐고 물어보면 지인 추천이나, 다른 학교 강의하는 것을 보고 연락을 드렸다고 하는 분들, 요즘은 스마트 시대라 검색해 보고 연락드렸다고 하는 분들도 종종 계시기도 하다. 무엇보다 한 번 해보신 분들이 다시 연락을 주는 경우가 많고 그분들이 다른 기관이나 학교를 연결해 주는 일이 많다. 그만큼 내 강의가 신뢰가 간다는 뜻이라 생각하고 싶다. 한번은 스케줄 조절이 도무지 되지 않아 강의가 어렵겠다고 다른 강사님을 소개해 주겠다고 했더니, 무조건 김지영 강사님이 해 주셔야 한다면서 스케줄을 다 맞춰 주겠다고 하시더라. 그 말을 듣는 순간 나 역시 어떻게든 하고 싶어 졌다. 나를 믿고 찾아 주는 사람들에게 내가 할 수 있는 보답은 내게 주어진 일을 더욱더 즐겁게 잘 하는 것이다. 몸이 힘들지언정, 강의를 하러 가는 나의 마음은 언제나 즐거움이 가득하다. 새로운 사람들을 만나 소통하고 작업하는 일은 나의 삶의 원동력과도 같다. 내가 무한동력(아무리 사용해도 다함이 없이 지속되는 힘) 김지영이 되는 순간들이다.

4

정답이 없는 세상에 살고 있다

#마음의 문이 열리면, 귀를 기울여야 할 시간이다

많은 수강생들을 만나면서 느낀 것은, 수강생들이 가장 어려워하는 부분이 '있는 그대로의 나를 마주하는 일과 그런 나를 사랑하는 일'이었다는 것이다. 나 역시 배우로 활동을 할 때, 늘 무언가 만족스럽지 않은 것 같고 부족한 것 같다는 생각을 하곤 했었다. 돌이켜 보니 모두 나의 욕심 때문이었다. 단순히 있는 그대로의 나를 받아들였을 때, 그때부터가 시작이라는 것을 알려 주고 싶다. 시작은 어려울 수 있으나 모든 것은 마음먹기 달려 있기에.

보통 첫 강의를 하면 아이스 브레이킹을 하기 위해 마음 열기 단계를 진행하는데, 이때 첫 단추를 잘 꿰어 놓으면 그 다음은 풀어 나가기가 쉬워진다. 한 번이 어렵지 두 번은 처음보다 낫고 세 번째는 그냥 하게 된다. 물론 사람들마다 조금씩 차이가 있긴 하지만 대부분 수강생들이 그러했다. 마음의 문이 열리는 순간, 많은 것들이 이루어진다. 중요한 것은 수강생들의 마음의 소리에 귀를 기울이는 것. 열심히 들어 주는 일만큼 중요한 일은 없다.

감정의 소통은 상당히 중요한 부분이다. 소통을 통한 공감은 머리로 이해하는 것보다 가슴으로 이해하도록 노력하는 것이다. 가르치는 일을 하는 사람들에게 공감 능력은 필수적인 요소로 자리 잡았다. 아무리 유명한 강사라 할지라도 수강생의 입장에서 생각하고 공감하는 능력이 부족하다면 가르치는 능력 역시 떨어질 수밖에 없다. 따라서 강사들은 수강생들에게 집중하고 소통하며 공감하는 능력을 키워야만 한다. 쏟아 내는 감정을 받아 주는 역할 또한 강사로서 마땅히 해야 할 일이다.

#결과보다는 과정이 중요하다

"인생은 속력이 아니라 방향이다." 결과보다는 과정이 중요하다는 말이다. 나의 강의 철학도 비슷한 맥락이다. 물론 결과도 중요하지만, 그보다 중요한 것은 과정이다.

액팅 코치 강사로서 강의를 할 때, 강의 주제나 강의 대상에 따라 진행 방향이 달라진다. 상황에 맞게 강의 컨설팅을 진행하고 커리큘럼을 짜게 된다. 이때 수강생이 개인이 아닌 다수의 사람들이라면 당연하게 함께 하는 수강생들과 자신을 비교하게 되는 순간들이 발생한다. 앞에서 여러 번 이야기했지만, 사람들은 각자 가지고 있는 고유의 장단점이 있고 특색이 다르기 때문에 타인에게 내 기준의 잣대를 두는 것은 옳지 않다. 자신을 타인과 비교하지 말고 자기 자신에게만 집중하는 시간이 필요하다. 실패하는 것에 두려워하지 마라. 실패 또한 훗날 성공의 과정으로서 가치 있고 스스로에게 만족할 수 있는 기쁨을 안겨다 줄 것이다. 과정들이 모여서 결과를 만드는 것처럼 마지막에 웃을 수 있는 결과를 만들기 위해 하루하루의 과정을 소중히 여기는 일상을 살아 보길 바란다.

#끝없이 상상하고 상상을 이미지화시켜라

상상하고 이미지화시키는 것만큼 완벽하게 내 것이 되는 것은 없다. 강의를 하면서 수도 없이 내뱉는 말들 중에 하나이다. 표면적으로 보이는 것에만 신경 쓰지 말고, 1차원적인 표현이 아닌 텍스트 속에 숨겨진 의미를 찾아보길 바란다. 그리고 그것을 상상하고 이미지화시킬 수 있다면 그것은 누구도 따라할 수 없는 내 것이 된다. 일반적인 것에 그치는 것이 아니라 남들과는 다른 발상의 전환에서부터 출발하는 것이 좋다. 똑같은 사물을 보더라도 어떻게 바라보느냐에 따라 사물의 위치나 공간, 사용하는 방법 등이 달라진다. 더해서 그 사물을 통해 그 앞을 더 상상해 낼 수 있다면 사물을 바라보는 시선이 달라질 것이다.

출발선을 어디에 두고 시작하는지에 따라 표현되는 것은 무궁무진하다. 예를 들어 "밥 먹었어?"라는 문장이 있다고 생각해 보자. 대부분은 밥 먹었어? 하고 여러 번 입 밖으로 내뱉다가 발음에 신경 쓰고, 크기에 신경 쓰고, 겉으로 보이는 모양에 신경 쓰기 바쁘다. 하지만 여기서 상상을 통해 분석을 해보자. 질문하는 의도가 무엇인지, 함께 먹고 싶은 사람에게 물어볼 수도 있고, 그냥 형식적인 질문일 수도 있고, 싫어하지만 혼자 먹는 건 더 싫어서 함께 먹기를 소망하는 마음에서 물어볼 수도 있다. 그보다 더 앞으로 가는 상상을 하면, 질문자의 상태나 상대방의 상태에 따라 또 다른 의미로 전달될 수도 있다. 어떻게 상상을 하느냐, 어디에 중점을 두고 상상을 하느냐에 따라 다양하게 표현할 수 있는 문장이 탄생하는 것이다. 이처럼 상상하는 것도 훈련의 하나이기에 틈틈이 상상하고 구체적으로 이미지화시키기를 반복해 보길 바란다. 소망을 이미지 형태로 상상했을 때, 그 이미지가 잠재의식에게 넘겨지면 그 소망은 반드시 실현된다. 이제 상상 하나로 모든 것이 가능한 세상이 다가왔다. 자신이 가장 편한 곳에서 상상하고 구체적인 이미지화를 시켜내는 것만으로도 시작의 반은 해낸 것이다.

#모르면 제대로 알 때까지

모르면 정확하게 이해가 되고 제대로 알 때까지 해야 한다. 그전까지는 내가 아는 것이 절대 전부 아는 것이 아니다. 탐구하고 고민하면서 분석하고 표현하는 것을 시작으로 이것을 무한 반복하며 제대로 느끼게 되었을 때, 그 생각은 정확히 전달될 수 있다.

연기를 배우는 수강생은 유아, 청소년, 입시생, 재수생, 직장인, 일반인, 배우 지망생, 신인 배우 등 다양하게 나뉜다. 수강생의 연령이나 상황에 맞게 필요한 조건을 충족시킬 수 있는 커리큘럼이 필요하다. 또한 대상에 따라 혹은 상황에 따라 유동성 있는 수업 진행이 되어야한다. 이때 수강생들은 강의를 통해 자신이 필요한 것을 배우면서 실연하고, 부족하거나 풀리지 않는 부분에 대한 궁금증을 가지게 된다. 이 궁금증을 얼마나 시원하게 긁어 주느냐에 따라 수강생들의 연기에 변화가 일어난다. 보통의 수강생들은 연기를 실연하고 피드백을 주고받을 때, 느낌적인 느낌과 같이 뭉뚱그려 말하는 경우가 많다. 이것이 틀렸다는 것이 아니라 뭉뚱그릴수록 그 연기도 섬세하게 표현되기가 어려울 수밖에 없다. 더욱 섬세하고 구체적으로 표현하기 위해서는 자신의 연기를 제대로 바라볼 줄 알아야 한다. 모르면 알 때까지! 그것도 제대로 알 때까지 하기 위해서 연기를 점검해보고 피드백을 통해 수정, 보완하는 훈련이 필요하다. 이 작업에서 빠질 수 없는 것이 액팅 코치의 어시스트이다. 혼자서는 해결하기 어려운 부분들을 객관적인 시선으로 보고 분석하여 코멘트해

주고, 수강생이 연구해 온 부분을 심도 있게 끌어내기 위해 방향을 제시하면서 함께 고민하는 시간을 가진다. 덧붙여 코로나 시대가 변화를 일으켜 온 것 중 하나가 현재 대세인 온라인 줌을 통한 수업이다. 줌 수업을 통해서 강의를 했을 때 가장 큰 변화는 대면보다 비대면에서의 질문이 더 많아졌다는 것이다. 수업 중 궁금한 것에 대한 질문을 자유롭게 하도록 하고 궁금증이 해소될 때까지 여러 가지 방법으로 실연을 반복한다. 이 과정이 반복되면서 수강생들에게 변화가 생기게 되고 그것은 곧 연기로 발산된다. 첫술에 배부를 수 없듯이 차근차근 하나씩 제대로 알아가는 과정이야 말로 진정한 내 것을 만드는 길이다.

#정답이 없다니, 이보다 좋을 순 없다

"수학엔 정답이 있지만 내 수업엔 정답이 없어요. 그러니 맞고 틀린 것이 없겠죠? 틀릴까 봐, 다른 사람과 다를까 봐 눈치 보지 말고 마음껏 생각을 펼치고 표현해 주세요." 강의 O.T에서 늘 빼먹지 않고 하는 말이다. 정답이 없다고 말을 하면 다들 의아해하면서도 어느 순간 고개를 끄덕인다. 내 말에 공감하는 다수의 사람들의 리액션이다. 정답이 없다니 이보다 더 좋을 수 없지 않은가? 누구나 도전해 볼 수 있도록 진입 문턱을 낮추기 위한 나의 노하우라고도 할 수 있겠다. 액팅 코치 강의를 하다 보면 수강생들의 다양한 질문들을 많이 받게 된다. 수업에 관한 질문에서부터 개인적인 고민까지 여러 질문들 속에 정답을 찾아 주길 바라는 의도를 가지고 질문을 던지는 경우들이 종종 있다. 그때마다 나는 정답은 정해진 것이 없기 때문에 여러 가시 방향으로 조언을 해주거나 답을 찾기 위한 방법을 제안한다. 반면에 정답이 없다고 하니 오히려 더 어렵다고 말하는 수강생들도 있다. 범위가 넓어져서 어렵다는 뜻이다. 그럴 땐 문제의 목표를 구체적으로 잡아 보는 것이 도움이 된다. 목표가 구체적으로 있다면 그 안에서 문제를 해결하기 위한 다양한 활동을 진행할 수 있게 된다. 생각이 꼬리에 꼬리를 물게 되면 더욱더 복잡해지기 마련이다. 그럴 땐 오히려 단순하게 생각하고 쉽게 접근해 보자. 여러 가지 방법으로 문제 해결을 하다 보면 원하는 목표를 이룰 수 있게 된다. 그 속에서 깨달음을 얻게 되고, 그 과정을 반복했을 때 진정한 내 것이 될 수 있다. 결국 '정답은 없다=무엇이든 가능하다'라고 생각해도 무방하다. 다만 여기서 '무엇이든'은 진정성 있고 타당성 있는 무엇이든이어야 한다.

끝날 때까지
끝난 게 아니라면서요?

#변화된 일상 속 뜻밖의 인연들

"지금으로부터 20년 후에. 당신은 한 일보다 하지 않았던 일들을 더욱 후회할 것이다."

미국의 유명 소설가 마크 트웨인의 수많은 명언 중 한 구절이다. 현대인은 평균 수명도 길어져서 100세 시대라는 말이 나올 정도이니, 앞으로 살아갈 인생은 너무도 길고 그만큼 할 것들도 많다. 마음만 먹고 생각으로 그치기 바빴던 일들을 하나하나 해 나가면서 도전과 실패를 반복하고 지금과는 또 다른 성장을 꿈꿔 본다. 최근에는 다시 발레를 배우기 시작했다. 스스로에게 선물을 주고 싶었다. 대학 시절 발레를 배우고 공연을 올리기 위해 조금씩 무용을 배우긴

했지만, 더 깊게 파고 싶었다. 나의 일을 더 잘 해내기 위해 나의 신체를 다지는 일은 필수적으로 해야 할 일이라고 생각한다. 무엇보다 새롭게 무언가를 배운다는 것은 설레고 즐겁다. 새로운 사람들과 만나고 부딪치고 같은 공간 속에서 함께 하면서 다양한 경험을 하는 일들도 내겐 공부가 된다. 또한 내가 경험하지 못한 일들을 하고 있는 사람들과 교감하면서 그들의 일을 이해해 보는 일들을 통해 또 다른 경험을 하고 있는 중이다.

일상 속의 변화 중 하나는, 미인 대회에 도전하게 된 일이다. 우연히 알게 된 미인 대회에 나가면서 그 속에서 또 많은 인연들을 만났다. 또한 내가 가진 능력을 나눌 수 있는 기회도 생겼고 자연스럽게 자기소개 스피치를 가르치는 일도 하게 되었다. 물론 대회에서 대상이라는 큰 상을 수상하기도 했다. 그 계기로 더 많은 대회에도 참여하고, 패션쇼나 한복 쇼에도 서보는 경험을 하게 되었다. 그래도 미인 대회를 통해 얻은 것 중 가장 큰 것은 사람들과의 인연이었다. 비슷한 나이의 또래부터 나이 차이가 나지만 당당하고 멋있는 언니들까지 다양한 사람들과 인연을 맺으며 소통하고 지내는 일이 즐거운 요즘이다. 그 인연들 속에는 수업까지 연결되는 일들도 있어서 새로운 도전과 변화가 가져다준 '시너지 효과'라고 생각한다.

이 밖에도 요즘 핫한 라이브 커머스 강의도 시작하게 되었다. 라이브 커머스를 시작하기 위해 기본 스피치를 배우고자 찾는 사람들이 생기면서 줌 강의와 대면 수업을 번갈아가며 진행하는 중이다. 새로운 분야를 가르치게 되면서 새로운 사람들을 만나는 일 역시 언제나 즐겁다. 가르치는 입장이지만 반대로 또 배우는 부분들도 있기에 이런 부분들이 나를 성장하게 만든다. 앞으로 더 많은 일들을 해보고 싶은 욕심이 생겨나는 이유이기도 하다. 주어진 일을 당연하게 받아들이는 것이 아닌, 늘 고민하고 더 나은 강의를 하기 위해 발전하는 나의 모습을 그려 본다.

#현장에서 뛰는 연기 멘토링 액팅 코치

팔색조 같은 다양한 매력과 능력을 가진 연기 멘토링 액팅 코치. 거기에 하나 더 추가하자면, 현장에서 활동 중인 경험 많은 멘토링 액팅 코치가 되고 싶다. 때로는 현장에서 활동하는 경력들이 훈장처럼 느껴질 때가 있다. 그만큼 액팅 코치로서 활동을 하면서 배우 일을 병행하는 일이 쉽지 않기 때문에 현장에서의 활동은 매우 귀한 일이라 생각한다. 무엇보다 감을 잃지 않고 느끼는 것이 가르치는 입장에서도 더욱더 설득력 있고 신뢰감이 생길 수밖에 없다. 그러기 위해 나는 강사로서의 능력을 키우고 배우로서 책임을 다해 영향력 있는 1인 기업이 되는 것을 꿈꾼다. 꿈꾸는 것은 돈이 들지 않는다. 매일 생생하게 그려 보고 실천해 내기 위해 구체적인 플랜을 짜는 중이다. 앞에서도 이야기했지만 실패를 할 수도 있고, 생각지 못한 돌발 상황들이 생길 수도 있다. 실패가 두렵다면 시작조차하지 않았을 일들이다. 꾸준하게 노력하고 실행하며 부족한 부분들은 채워 나가는 일들을 해 나가야 한다. 스스로를 더 빛나게 만들기 위해 자기 개발에 힘쓰고 싶다. 나를 거쳐 가는 수많은 수강생들 혹은 사람들이 나를 통해 발전하고, 희망을 갖고, 자존감을 높여가는 모습들을 보며 나는 나의 존재의 이유를 실감한다. 또한 내가 걸어온 길에 대한 자부심이 생긴다. 지금처럼 마음은 변함없이 가지되, 능력치는 계속 업그레이드되는 김지영으로 점점 발전해 나가고 싶은 마음이다.

최근에 제자의 공연을 보러 간 적이 있었다. 그곳에서 우연히 만나게 된 선배님이 공연 후 내게 이런 메시지를 보내 주셨다. "○○○을 가르친 선생님이 김지영 배우님, 아니 김지영 강사님이라죠? 참 좋은 스승을 만나 제자가 좋은 배우로 성장할 수 있었나 보다. 뿌듯하겠네."라고. 정말이지, 지친 하루의 끝자락에 있던 나를 벌떡 일어서게 만들 정도로 힘이 솟는 메시지였다. 너무 보람됨은 기본이고, 어떤 말로도 설명할 수 없는 감정이 들었다. 이래서 가르치는 일은 참 힘들지만 놓지 못하는 이유가 있구나 하는 생각에 울컥하기까지 했다. 여러 가지 이유가 있겠지만 내가 강사로서 나의 자리를 지켜 나가는 가장 큰 이유는, 나를 통해 사람들이 변화하는 모습들을 보는 것이 좋아서이다. 때로는 사람들에게 동기 부여가 되기도 하고, 강사로서 마주했을 때는 무서운 선생님이기도 하고, 때로는 친구처럼, 때로는 언니, 누나, 동생처럼 편안하게 마음을 나누며 가르침을 주고받을 수 있는 지금이 나는 너무 행복하다. 가끔은 먼 훗날 제자들과 함께 한 무대에 서는 상상을 해보기도 한다. 그때가 됐을 때는 스승과 제자가 아닌 배우 대 배우로 나란히 설 수 있길 바라며, 앞으로 펼쳐질 무궁무진한 날들을 기대해 본다.

#"Carpe diem" 카르페디엠

내가 책을 쓰게 될 거라고는 단 한 번도 생각해 본 적이 없었는데, 눈 떠 보니 쓰고 있더라.

이 또한 좋은 인연을 통해 얻은 기회가 아닐까 생각해 본다. 글이라면 대본을 써본 것 외에는 없는데, 이렇게 공저를 하고 있는 이 순간이 감사하고 또 꿈만 같다. 사실 내가 가지고 있는 생각들을 글로 적어 내는 것이 두렵기도 하고 내 생각이 잘 전달될 수 있을지 걱정되는 것이 사실이다. 하지만 진실된 나의 마음이 독자들에게 온전히 닿을 수 있길 바라는 마음이 큰 만큼 기대가 되는 것도 사실이다. 그러니 무언가를 새롭게 시작하는 것에 대한 두려움은 잠시 접어 두고, 생각하는 것이 있다면 부디 실천하길 바란다. 기회는 언제 어디서 올지 모르기에. 작은 것부터 실천하고 성공의 기분을 느껴 보길.

만약 이 책을 읽고 있는 독자 중 누군가가 내게 "지금 제가 할 수 있을까요?"라고 묻는다면 "네. 물론입니다"라고 명쾌하게 이야기해 주고 싶다. 나이나 상황은 크게 중요하지 않다. 시작이 곧 반이라는 말이 있듯이 일단 하는 것에 중점을 두고 부딪치고 깨지기를 반복하다 보면 어느새 성공에 가까워져 있을 것이다. 모든 경험은 값진 것이기에 좋은 경험이든 나쁜 경험이든 훗날 득이 되는 경험으로 기억될 것이다. 나의 이야기들이 독자들에게 조금이나마 필요한 부분에 도움이 되고, 가려운 부분을 긁어 줄 수 있기를 바란다.

"Carpe diem" 카르페디엠!

6

why?

강사로서 활동하기 시작하면서 참 많은 곳에서 몸을 담았다. 초, 중, 고등학교는 물론이고 단체, 학원, 협력 기관에서 수업을 했다. 대상으로 분류해 보면 영유아, 청소년, 성인, 직장인까지 다양하다. 나에겐 이렇게 인연을 맺게 된 사람들과의 관계가 소중하다.

초등학교 때 기본 교과 수업으로 연극 수업을 나가서 만난 제자와 성인이 된 지금까지 소통하며 지내듯, 한번 인연을 맺은 사람들과는 끊임없이 소통하며 안부를 묻는 사이가 된다.

매년 해가 거듭될수록 나를 거쳐 가는 사람들이 많아지고, 그들이 나아가 각자가 바라는 위치에서 성공할 수 있도록 도와주는 일을 하고 있다는 것에 감사하다. 그래서 이번 이야기는 학생 양성 사례에 대해 이야기를 꺼내어 보려 한다.

#시골에서 싹튼 인연

한번은 시골 학교로 강의를 나간 적이 있었다. 연극 수업이 다소 생소하기도 했던 친구들에게 나의 강의는 재미있는 연극 수업으로 인지되었다. 그중 한 친구가 내게 와 쪽지를 건네주었는데 '저도 배우가 되고 싶어요.'라고 적혀 있었다. 그래서 나는 쉬는 시간에 그 친구를 찾아가 물어보았다. "왜 배우가 되고 싶은 거에요?"라고 말이다. 그랬더니 그 친구는 "선생님, 저는 연기하는 것이 너무 재미있고, 연기할 때 제가 살아 있는 것 같아요."라는 답을 해 주더라. 그 초롱초롱한 눈으로 나를 똑바로 보면서 설레임 가득한 표정을 지으며 이야기하던 그 모습은 평생 잊히지 않을 것이다.

이렇듯 어린 시절 연극 교육을 체험함으로 인해 아이들의 인성은 커다란 영향을 받는다. 또한 정서 교육적 측면에서 연극은 잠자고 있던 아이들의 상상력을 자극하여 새로운 세계를 꿈꾸게 하고, 자신의 진로를 탐색하는 데 도움이 된다.

10년이 지난 지금, 그때 그 초등학생 친구는 이제 어엿한 대학생이 되었다. 그 당시 강의가 끝나고 나서도 간간이 연락을 하며 안부를 나눴는데, 고등학생이 되면서 진로에 대한 고민이 많아지는 시기가 찾아왔고 연기를 하기 위해서 유학을 생각하고 있다는 그 친구에게 나는 많은 조언들을 해 주었다. 시골에 거주하고 있기 때문에 학원을 다니기도 힘들어하던 친구는 주말을 이용하여 연기 레슨을 받기를 원했고 나 역시 흔쾌히 수락했다. 그렇게 시작된 인연이 입시까지 이어지게 되었다. 입시를 준비하는 동안 많은 부분에서 도움이 되어 주고 싶은 마음에 코칭에 혼신을 다했다. 입시라는 것 자체가 학생들에게는 부담이었겠지만, 잦은 슬럼프와 정신력이 흐트러질 때에도 숨김없이 마음을 터놓고 이야기하며 소통의 끈을 놓지 않았다. 방법을 알려 주고 스스로 터득할 수 있도록 이끌어 주고 싶은 마음이 컸기에 당근과 채찍을 함께 주면서 말이다.

그 결과, 감사하게도 원하던 학교에 수시로 합격하는 일이 벌어졌다. 이 모든 것이 본인의 간절한 의지와 노력이 있었기에 생겨난 결과였다. 그리고 나는 그 친구에게 합격이 끝이 아니라 이제부터가 시작임을 잊지 말라고 당부했다. 부디 지치지 말고 처음 마음먹었던 그대로, 천천히 너의 길을 가라고 말이다.

#꿈을 택한 회사원

입시 학원에서 입시 반 강사로 활동할 때, 나름 '대학 잘 보내는 강사'라 하여 학생들이 많이 찾아오던 시기가 있었다. 그 당시 구미에서 직장 생활을 하던 회사원 한 명이 찾아와 연기 상담을 하게 되었는데, 고등학교 졸업 후 바로 취업을 하여 연봉도 높고 돈도 잘 버는 상태였다. 그에게 굳이 왜 연기를 하고 싶냐고 물었더니 돈 번다고 잊고 있던 꿈을 찾고 싶다고 했다. 꽤나 진지한 그의 모습에 나는 솔직하게 상담을 해 주고 선택은 자신의 몫이라고 말해 주었다. 회사를 그만두고 바로 시작하고 싶다는 그에게 나는 적절한 해결책으로 주말 반으로 수업을 해보는 것이 어떻겠냐고 제안했고, 그렇게 그 회사원 학생과의 수업이 시작되었다.

수업을 진행하면서 항상 열심히 준비해 오고 노력하는 모습을 보면서 '이 친구가 진심이구나'하는 생각이 들었다. 그 진심은 곧 내가 집중하여 수업을 진행할 수 있는 에너지가 되었다. 몇 달이 지났을까? 본격적으로 연기를 하고 싶다고 선언하면서 그는 다니던 회사를 그만두고 대구로 올라와 대학 입시를 준비하기 시작했다. 물론 그 사이에 충분히 많은 이야기를 나누었고 나는 현실적인 조언을 아끼지 않았다. 하지만 그때마다 확고한 자신의 의지로 해보겠다는 자세를 보여 주던 그는 어느새 학원에서 가장 열심히 하는 학생으로 소문이 났다. 지금 생각해 보면 내게 가장 질문을 많이 하던 학생이 그였다. 궁금하면 알 때까지 파야 한다고 이야기했던 나의 말에 보란 듯이, 귀찮을 때까지 연락을 하며 연기에 대한 의문과 고민을 털어놓기 일쑤였다. 그렇게 그 모든 날들의 결과는 성장으로 나타났다.

수시가 다가오면서 학생에게 유리한 전형을 찾아보고 맞춤식 전략을 짜기 위해 머리를 맞대며 고민했다. 학생들마다 내신이 좋은 친구, 수능 점수가 좋은 친구가 있고, 과목마다 잘하는 것들이 다르기도 하고, 농어촌 전형이나 차 상위 계층 전형 등 다양한 전형이 있기 때문에 자신에게 유리한 쪽을 선택해서 공략하는 것이 중요하다. 그만큼 학생의 정보와 상태를 잘 알아야 하고 소통을 많이 해야 하는 것이다.

나는 학생에게 유리한 전형으로 수시를 지원했다. 입시 과정에서 필요한 연기 부분 역시 맞춤식으로 학생의 장점을 살릴 수 있는 독백으로 준비했다. 입시라는 것이 얼마만큼 준비했냐도 중요하겠지만, 그날의 컨디션 등 돌발 상황이 언제나 존재하기 때문에 다양한 리허설을 통해 돌발 상황에 대비하는 시간도 가졌다. 그렇게 수시를 지원한 학교마다 시험을 치르고 끝나면 피드백을 통해 소통하던 중, 수시 결과가 발표되었다. 올 패스였다. 지원한 학교에 당당하게 '합격'을 통보받은 것이다. 나 역시 소리치면서 마치 내가 합격한 것처럼 좋아했다.

그리고 우리는 학교를 골라서 가는 기쁨을 누렸다. 함께 준비해 온 시간 동안 많은 일들이 있었기에, 또한 가장 가까이에서 그의 성장을 지켜본 나이기에 그의 합격의 의미는 남달랐고 다른 학생들에게도 좋은 표본이 되는 케이스로 남았다.

이 학생 역시 지금까지도 여전히 자신의 길을 잘 걸어가고 있는 중이다. 포기하지 않고 한 발자국씩 자신의 목표를 향해 나아가고 있는 모습은 언제나 힘이 된다. 또한 좋은 소식이나 나쁜 소식, 고민이 있을 때 여전히 잊지 않고 나를 찾아주는 것에 그저 감사할 뿐이다. 또한 그를 비롯해, 때마다 잊지 않고 연락해 주고 찾아 주는 친구들에게 너무 고맙다. 그렇게 각자의 자리에서 열심히 최선을 다해 주는 것이 내겐 큰 힘이 된다. 친구들이 어디에서 무엇을 하든지 자신의 길을 당당하게 걸어가길 바란다. 그러다 걷다가 지칠 때, 가끔씩 찾아오는 쉼터로 나를 찾아 준다면 더 바랄게 없겠다.

7

교육기버로서의 삶

#성취감

"중요한 것은 목표를 이루는 것이 아니라 그 과정에서 무엇을 배우며 얼마나 성장했느냐이다." 앤드류 매튜스의 명언 중 한 구절이다. 내가 강사로서 소명을 다하게 만드는 이유 중 하나가 나와 인연을 맺은 사람들의 변화와 성장이다. 덧붙여 각자의 다른 목표로 나를 찾아오는 수강생들이 그들이 원하는 목표를 이루었을 때, 나는 무한한 성취감을 느낀다.

'성취감'이란 만족감과 행복감과 일맥상통하는 말로 자신이 뜻한 바를 이루었을 때 얻는 감정을 말하는데. 이런 성취감은 인생을 보다 즐겁게 해 주기도 하여 삶의 원동력이 되기도 한다.

나를 찾아오는 수강생들에게 길잡이가 되고 내가 가진 것을 나누어 줄 수 있다는 것은 감사한 일이다. 그렇기 때문에 나는 더욱더 열심히 내 분야에 대해 노력하고 공부하는 일을 멈추지 않는다. 강사라고 해서 배움이 없다면 더 이상의 발전은 없는 것이기에, 끝없이 연구하고 시대의 변화를 인지하고 유동성 있는 교육을 위해 스스로 계발하는 일을 멈추지 않는 것이다.

#7차 교육 과정에 꼭 맞는 교육 수단

액팅 코치로서 포용 가능한 범위 내에 연계할 수 있는 협력 교육의 일도 꾸준히 해 나가고 있다. 그중 하나가 연극을 활용한 교육인데, 교육 연극이야말로 여러 교육들을 접목하여 실현 가능하다. 또한 배우는 학생들이 주체가 되어 이루어진다는 점에서 효과적인 교육 수단이 된다. 이는 현재 다가오는 21세기에 대비하여 창의적 인간을 바람직한 인간상으로 제시하고 있는 제7차 교육 과정의 방향과도 부합한다. 이처럼 연극 교육 체험은 정서적, 표현적, 사회적, 지식적 교육 측면에서도 학생들에게 유용하다.

연극은 종합 예술이기에 가능한 일이 많다. 교육 연극 프로그램은 다양하고 각 교과목 수업과 연계해서도 진행이 되고 있다. 특히나 국어 과목에서 효율적인 학습 방법으로 활용이 되고 있으며, 자기를 표현하는 것부터 시작하여 자기 성찰, 창의성, 협동심 등을 키울 수 있는 교육 프로그램으로 자리 잡고 있다. 앞으로의 발전 가능성이 무궁무진한 영역에 나는 몸을 담고 있는 것이다.

#프리랜서로서의 삶 - 워라밸

'워라밸.' 워크 라이프 밸런스를 줄여 이르는 말로, 일과 개인의 삶 사이의 균형을 이르는 말이다. 연봉이나 월급에 관계없이 근무 업무 강도가 높거나 퇴근 후에도 잦은 야근 등으로 시달리거나 개인적인 삶이 없는 것을 원하지 않는 것으로 요즘 같은 현대 사회에서 직장을 선택할 때 가장 중요한 요소 중 하나이기도 한 워라밸은, 내가 이 길을 걷는 이유이기도 하다.

프리랜서의 최대 장점이 있다면 시간을 효율성 있게 쓸 수 있다는 것이다. 내가 원하는 시간에 일을 할 수 있고 쉬고 싶을 때 눈치 보지 않고 쉴 수 있다. 물론 내가 움직이는 만큼 수입이 발생하기 때문에 당연히 많이 움직일수록 수입도 많이 생기게 된다. 또한 나의 가치를 높이기 위해 앞서 이야기했듯이 멈춰 있지 않고 자기 계발에 힘쓰면서 나의 몸값 올리기에도 신경 쓴다면, 통장의 잔고도 함께 올라갈 것이다.

언택트 시대라고 불리는 요즘, 비대면 속에서도 어려움 없이 강의를 할 수 있다는 장점도 있다. 물론 다양한 교육 방법을 연구함으로써 자신만의 단단한 커리큘럼을 만들어 놓는다면 나를 알리는 일도, 나를 찾는 사람들도 많아질 수밖에 없다.

이와 같이 내가 강사를 해야만 하는 이유는 너무나도 많다. 이런 수많은 이유들 중에서도 강력한 why를 꼽자면, 이 일을 하면서 내가 살아 있다고 느끼기 때문이다. 자신의 가치를 실현하기 위해 일에 몰두하는 삶은 즐겁고 만족감이 높을 수 밖에 없다. 나는 내가 추구하는 것이 내가 원하는 삶을 살아가는 올바른 방법이라 생각하고 하루하루를 즐기며 살아가는 중이다.

김서연

"내면에 귀 기울이며 당신의 잠재력을 끌어올리는 스피치&면접 컨설턴트"

현 하트인스피치컴퍼니 대표

인스타그램 @seoyeon_t
블로그   https://blog.naver.com/winner9607
유튜브   연서드림

Kim Seoyeon

①

럭키세븐! 7년 차 강사

#타고난 행운아

나는 N잡 강사이다. 스피치 강사, 면접 코치 그리고 학교에서 연극을 통한 자기 발견과 표현 강의를 하고 있다. 문득 이런 생각이 들었다. '나는 행운아인가 봐. 세상이 나에게 최적화되어 있어.' 평생 직업 시대는 지났다. 이제는 N잡이 대세이다. 안정적인 직장을 가지는 것은 시대를 불문하고 많은 사람들에게 중요한 가치로 여겨진다. 그러나 대기업에 다니거나 안정적인 직업을 가졌더라도 각자의 강점을 살려 사이드 프로젝트를 진행하고 퍼스널 브랜딩을 통해 자신을 알리는 것이 필수인 시대가 되었다. 유튜브를 비롯하여 다양한 채널과 SNS를 통해 사이드 프로젝트를 진행하는 이들이 많아졌다.

직장에 다니면서 책을 쓰고, SNS에 직접 만든 콘텐츠를 올리며 이름을 알리는 모습이 꽤 자주 보인다. 이제는 평생 한 직장만 다녀야 하는 시대가 아니다. 나는 세상이 이렇게 바뀐 것이 매우 감사하다. '세상은 내 편인가?' 싶다. 나의 강점을 살려 하고 싶은 일을 마음껏 했더니 돈이 들어온다.

#연극을 통한 성장

학교 문화 예술 교육 강사로 사회에 첫발을 내디뎠다. 대학 졸업 전부터 희망하던 직업이었다. 학교에서 연극을 매체로 '자기 발견과 표현' 그리고 '자존감 높이기' 수업을 진행하였다. 내가 직접 강의를 구성하고 준비하며 학생들을 만나는 것에 큰 행복을 느꼈다. 그러나 내 직업을 설명하는 것이 참 어려웠다. 주변 사람들은 학교에서 '연극'을 가르친다는 사실이 익숙하지 않았고 회사원처럼 근무하는 것이 아니었기에 내 직업은 늘 설명이 필요했다. 한때는 이 사실에 대해 억울한 마음이 있었다. 나는 자부심을 느끼는 직업인데 세상은 '강사'라는 직업을 불안정하고 위태로운 업으로 여기는 것 같았다. 그러나 지금은 다르다. 나는 빠르게 변화하는 세상에서 여러 가지 일을 자유롭게 할 수 있는 사람이 되었다. 사람들은 나에게 '부럽다.', '멋지다.'라고 말한다. 이제는 귀에 딱지가 앉을 만큼 자주 듣는 말이 되었다.

중학생 시절부터 연극영화과 진학을 꿈꾸었다. 어른들은 졸업 후 먹고살 길을 찾지 못할까 봐 염려하셨다. 그러나 나는 부모님과 주변 어른들의 반대와 치열하게 싸우며 연극영화과에 입학하였다. 포항에 살던 나는 주변에 연기 학원이 없어 왕복 5-6시간에 걸쳐 서울에 있는 연기 학원에 다니며 입시 준비를 하였다. 절실함과 열정으로 가득한 나에게 연기 학원은 천국과 같았다. 특히 연기 학원 선생님은 나에게 신과 같은 존재였다. 나를 이끌어 주고 내 꿈을 펼칠 수 있게 도와주는 존재. 그들을 진심으로 존경하고 사랑했다. 그래서인가? 나도 그들처럼 되고 싶다는 생각이 자리 잡게 되었다. 그래서 연극과 졸업 후 배우가 아닌 강사가 되어야겠다 결심했다. 대학에서 교직 이수를 통해 정교사 자격증을 취득하고 졸업 후 한국문화예술교육진흥원 학교 예술 강사가 되었다. 그리고 2019년 '클래시튜드 스피치'라는 이름으로 창업을 시작하였다. 활동 범위를 넓히기 위해 2022년 8월에 '하트인스피치컴퍼니'로 상호명을 변경하여 스피치, 면접, 자기소개서 컨설팅을 진행하는 1인 기업 대표로 활약하고 있다.

#나는 내가 강사라서 행복해!

2022년, 올해로 7년 차 강사가 되었다. 럭키 세븐! 7년간 2000명 이상의 청소년을 만나 수업을 진행했고, 200건 이상의 개인 코칭을 진행하였다. 세상은 내 편이고 나는 강사에 최적화된 사람이라 믿는다. 강사는 끊임없이 공부해야 하고 자기 계발을 멈추어선 안된다. 확신을 가지고 말해야만 사람들의 마음과 생각을 움직일 수 있다. 학창 시절 공부를 뛰어나게 하는 학생은 아니었지만 공부를 좋아했다. 적막한 독서실에 앉아 온전히 집중하는 시간을 즐겼다. 강사가 된 이후 오전 시간엔 책을 읽거나 강의 연구를 한다. 나는 이 시간이 너무나 감사하다. 오후엔 외부 강의에 가거나 개인 컨설팅을 진행한다. 녹초가 되어 집으로 가는 퇴근길. 몸은 힘들지만 내 직업에 대한 회의나 불만 없는 퇴근길. 확신으로 가득 찬 나의 현재. 나는 강사라서 행복하다.

이제는 어떤 직업을 가졌건 지속적인 공부와 자기 계발을 통해 나를 브랜딩시켜야 한다. 특히 강사가 그렇다. 강사는 안정적인 직업이라고 말할 수 없다. 치열하게 연구하고 공부하는 사람만이 강사로 살아남는다. 이 과정을 기꺼이 즐길 수 있는 사람이라면 강사의 세계로 뛰어들어도 좋다. 당신이 확신을 가지고 강사가 된 순간, 후회는 없을 것이다. 아직 확신이 서지 않는다면 이 책을 끝까지 읽어보아라. 그리고 책을 덮는 순간, 가슴속 어딘가에 뜨거운 열정이 생길 것이다. 그러면 뛰어들어라! 강사의 길로!

2

길이 없다면 내가 만들자

#길이 없어? 그럼 내가 만든다!

20대 초반 무렵, 스피치 강사 공고를 찾아 이력서를 넣었지만 연락은 오지 않았다. 일반적으로 강사 활동을 하기 위해선 강사 양성 학원에 등록하여 과정을 수료한 후 강사라는 타이틀을 얻는다. 이 방법은 비용과 시간이 꽤 든다. 물론 강의 경험이 없거나 인프라가 전혀 없다면 이 방법을 추천한다. 그렇지만 나는 수년간의 강의 경력이 있고, 대학에서 교직이수를 하여 중등 정교사 2급 자격증을 보유하고 있었다. 교수법, 교육공학, 교육심리학 등 다양한 수업을 듣고 적용해 본 경험이 있었기 때문에 학원을 다닐 필요는 없다고 생각했다. 또한 나의 강점인 추진력과 자신감을 믿었기 때문에 외부

기관의 도움을 받지 않아도 할 수 있다는 확신이 들었다. 그래서 나는 결심했다. 길이 없어? 그럼 내가 만든다! 내가 내 브랜드를 만들어 강사 활동을 해야겠다는 생각이 들었다. 스피치 학원에서 강사로 고용되길 기다리는 것보다 내가 나를 스피치 강사로 만드는 것이 더 좋은 방법이 아닐까? 타인이 만들어 놓은 길을 걷는 것보다 더 재미있을 것 같았다. 이 결심은 오랜 시간 스피치 분야에 관심을 두고 지켜봐 왔기 때문에 가능했던 일이다. 대학 졸업 직후 '숨고' (생활서비스 고수 매칭 플랫폼) 에 나를 스피치 컨설팅 고수로 등록해 두었다. 나를 고수로 등록하면 서비스 이용자들의 요청서를 받아 볼 수 있다. 이용자와 연결되려면 고수가 캐시를 충전한 뒤 견적서를 보내야 하는 시스템이다. 처음에는 등록만 하고 활동은 하지 않았다. 그러나 수년간 서비스 이용자들의 요청서를 받아 보며 포항에 스피치를 배우고 싶어 하는 사람들이 꽤 많다는 사실을 알 수 있었다. '숨고'를 활용하여 강의를 해봐야겠다는 결심이 섰다. 곧바로 관련 서적과 논문 등을 보며 스피치 커리큘럼을 만들었다. 연극을 전공한 덕분에 복식호흡, 발음, 발성 등에 대한 지식과 방법, 화술 테크닉에 능통했다.

2019년 12월 6일, 스피치 강사가 되었다. '숨고'를 통해 매칭된 수강생과 수업을 시작했다. 초창기에는 카페 미팅룸, 세미나실을 대관하여 수업을 진행했다. 나는 초보 프리랜서 강사들에게 이 방법을 적극 추천한다. 요즘은 공간을 대여해 주는 업체가 매우 많아 저렴한 비용으로 좋은 공간을 대관할 수 있다. 강의 초창기에는 많은 비용을 투자하지 않는 것을 추천한다. 처음부터 학원을 차린다든가, 상가에 공간을 마련하는 것은 위험 부담이 크다. 운이 좋게도 강사 창업은 초기 비용이 많이 들지 않는다. 프로토타입 (Prototype : 본격적인 상품화에 앞서 성능을 검증·개선하기 위해 핵심 기능만 넣어 제작한 기본 모델)으로 시작하라. 처음부터 모양새를 갖추고 시작하려 한다면 아무것도 할 수 없다.

프로토타입의 시간은 인내의 시간이다. 창업 초기에는 이 장소 저 장소 떠돌아다니느라 수강생을 기다리는 동안 제대로 된 휴식을 할 수 없었다. 수강생이 몇 없던 때라 개인 사정으로 결석하거나 지각을 하는 경우엔 하염없이 기다려야 했다. 나에겐 한 분 한 분이 소중했기 때문에 그분들을 배려하고 싶었다. 나는 시간이 많았고 기다릴 수 있었다. 그렇지만 몸은 힘들었다. 찬바람을 맞으며 퇴근하던 어느 날, 이런 생각이 들었다. '언젠가 나만의 공간이 생기는 날이 오겠지? 많은 사람들이 내 강의를 찾아 주는 날이 오겠지?' 그로부터 1년도 되지 않아 나는 개인 사무실을 얻을 수 있었다. 현재는 매달 100명 이상의 사람들을 만나 교육하고 있다.

#굵고 짧은 인내의 시간

초창기에는 시간당 3만 원으로 비용을 책정하였다. 공간도 협소했고 나의 경력도 적었기 때문에 큰 욕심을 내지 않았다. 많은 사람들을 만나고 나의 커리어와 데이터를 쌓아 가는 것이 중요했기 때문이다. 처음부터 크게 시작하지 않아도 된다. 다시 말하지만 강사는 소자본으로 창업이 가능하다. 마음만 먹으면 무자본으로도 가능하다고 말할 수 있다. 꼭 필요한 자본은 열정과 추진력이다. 욕심을 버리고 열정으로 시작하라. 강사에게 열정은 생명이다. 1인 기업으로 성장하기 위해선 열정이 베이스가 되어야 한다. 충분한 경험을 쌓은 뒤 1인 기업으로 나아가야 한다. 인내의 시간은 길지 않다. 언젠가 이루어 낼 나의 미래를 상상하면 충분히 버틸 수 있다. 버텨야 한다.

③

60만 원, 나의 첫 강의료

#1인 기업의 연봉협상

2016년 4월, 나의 첫 강의료가 입금되었다. 경주의 한 고등학교에서 일주일에 한 번 연극 수업을 하고 받은 강의료였다. 당시 강의료는 시간당 4만 원으로 책정되었다. 6년이 지난 지금 나의 강의료는 얼마일까? 현재 나의 시간당 강의료는 1:1 개인 컨설팅 기준 평균 15만 원이다. 강사 창업 후 커리어를 쌓으며 조금씩 나의 몸값을 높여나갔다. 창업을 하지 않고 기관에 소속되어 일했다면 생각도 못했을 금액이다. 내가 진행하는 1:1 스피치 컨설팅 과정 금액은 타 업체와 비교했을 때 비교적 낮은 편에 속한다. 한 수강생분께서 말씀하시길 "여러 업체에 문의해 보니 1:1 과정은 대부분 백만 원 대 금액인데 이곳은 금액이 합리적인 편이다."라는 말씀을 하신 적이 있다. 나는 웃으며 "3년 뒤엔 저도 백만 원 대 금액으로 진행할 거예요."라고 대답했다. 회사에서도 연차가 높아지면 성과에 따라 승진을 하고 연봉도 올라간다. 그럼 1인 기업은? 스스로 승진하고 연봉 협상을 해야 한다. 가슴에 손을 얹고 질문해 보아라. 나의 강의료는 얼마가 적당한가? 내가 생각했을 때 나의 능력에 부합하는 강사료를 나의 몸값으로 책정하라.

#몸으로 부딪쳐가며 배운 것들

2019년 강사 창업을 시작했을 때만 해도 나의 페이는 시간당 3~6만 원이었다. 스피치 강사로서의 경력은 전무했기 때문에 내가 생각했을 때 적절한 금액으로 강의를 시작하였다. 그 당시에는 돈을 벌겠다는 마음보단 나의 능력을 키우고자 하는 마음이 컸다. 그리고 시간이 빨리 흘러가기를 원했다. 시간이 흐름에 따라 나의 능력은 점차 증진될 것이고 나의 자료는 더 높은 수준으로 발전하게 될 것이라 믿었다. 창업한 지 1년 정도 되었을 때부터 급격히 바빠졌다. 이 시점부터 현재까지 전력 질주하듯 내 능력을 키우며 월 평균 600만 원의 수익을 내고 있다.

혼자 월 600만 원 이상의 수익을 낼 수 있었던 성공 요인에 대해 생각해 보았다. 크게 두 가지로 말할 수 있겠다. 첫째, 선택과 집중이다. 창업은 불안하다. 불안정한 것을 좋아하는 사람은 없다. 그러나 창업 성공은 불안정함을 감내하고 수용할 때 시작된다. 나는 창업을 하더라도 고정 수입이 필요하다고 생각했다. 그래서 대구의 한 연기 학원에 주 3회 출근했다. 포항에서 대구까지 왕복 2시간이 넘는데다가 수업도 하루에 2~3개씩 있다 보니 체력 소모가 매우 컸다. 이때 '선택과 집중'이라는 키워드가 떠올랐다. 내가 중요한 시험을 앞두고 있을 때마다 스승님들로부터 들었던 키워드였다. 대구에서 하는 일로 스피치 사업에 집중하지 못하고 있다는 생각이 들었다. 내가 궁극적으로 하고 싶은 일은 연기 강사인가? 스피치 사업인가? 답은 당연히 스피치다. 대구 연기 학원을 그만두고 스피치 사업에 집중하겠다는 결단을 내렸다. 곧바로 공유 오피스를 얻어 스피치에 집중할 수 있는 환경을 만들었다. 그동안은 이곳저곳 공간을 대관하는 방식으로 진행하여 포털 사이트에 주소를 등록할 수 없었다. 그러나 오피스를 얻으니 주소를 등록할 수 있었다. 검색 시 노출이 되니 홍보 업무를 더 적극적으로 할 수 있게 되었다. 이 시점부터 문의 전화가 급격히 많아지며 나의 스케줄이 더욱 바빠지기 시작했다. 고정 수익을 계속 쫓았다면 이런 성장이 가능했을까?

프로토타입의 시간을 거쳐 내가 가야 하는 방향이 보이기 시작했다면 그 길을 선택하라. 그리고 온전히 그 길에 집중하라. 확신이 생겼다면 업무의 효율과 성장을 방해하는 요소는 과감히 버려라. 두 번째 성공 요인은 "일단 해봐!"라는 마인드이다. 스피치 수업을 하다 보니 면접 수업 문의가 종종 들어왔다. 면접을 본 경험은 있지만 면접 학원에 대해선 아는 것도 들은 것도 없었기에 면접 수업이 부담스럽게 느껴졌다. 처음은 누구나 어렵게 느껴진다. 이 사실을 알았기 때문에 나는 직면하기로 했다. '그냥 해! 일단 해!'를 외치며 면접 컨설팅이라는 새로운 길을 만들었다. 수업 문의가 들어오면 기업 관련 자료를 모두 프린트하고 공부했다. 그리고 재능 기부 강의를 다니며 경험을 쌓았다. 취업 준비생을 만나 대화해 보고 그들의 니즈를 몸소 파악하니 나의 수업 방향도 잡히기 시작했다. 지금은 면접 수업에 대한 전문성이 매우 높아져 한 달의 30~50%는 면접 수업을 진행하고 있다.

강사의 영역은 끝없는 확장이 가능하다. 강사는 처음을 마주하는 순간이 많다. 처음은 설렘도 있지만 미지의 영역일 때는 두려울 수 있다. 강사 창업을 선택했다면 처음을 두려워 말라. 두려워도 직진이다. '일단 해봐!'라는 생각으로 하나씩 도전하다 보면 나만의 루틴이 생기며 강사로서의 역량이 강화될 것이다.

4

강점이 돈점이 된다

#이 시대의 관심사는 '내면'

성격유형검사 MBTI가 화제이다. MBTI는 인간의 성격을 16가지 유형으로 분류하여 유형별 특성을 알려주는 검사이다. 1944년도에 개발되어 꽤 긴 역사를 자랑하는 이 검사는 우리나라에서 몇 년 전부터 화제가 되고 있다. MBTI를 소재로 다루는 유튜브 채널, 인스타그램도 눈에 띄게 많아졌다. 이 검사가 최근 인기를 끈 이유에 대해 생각해 보았다. 그 이유는 사람들이 자신의 내면에 관심이 많아졌기 때문이라는 생각이 들었다. 요즘 청소년들은 서로의 MBTI를 물어보며 친해진다. 게다가 16가지 성격 특성을 줄줄 꿰고 있다. 다른 사람의 MBTI를 척척 맞히기까지 한다. 청소년들은 유행에 민감하다. 그런데 눈에 보이지 않는 '내면', '특성'에 대한 것이 유행했던 적이 있었던가? 지금껏 유행해 왔던 것들은 눈으로 보이는 것이 대부분이었다. MZ세대의 유행을 살펴보면 내면, 성향, 취향 등에 중점이 맞춰져 있다. 또한 틱톡이나 인스타그램 릴스를 활용하여 자신을 드러내고 표현하는 것이 청소년들의 놀이 문화로 자리 잡았다. 미래를 이끌어 갈 주역인 청소년들이 콘텐츠 만들기를 놀이처럼 다루며 자라고 있다. 세상은 더욱 빠르게 움직일 것이다. 어른들도 빠르게 발맞추어 나가야 한다. 가까운 미래에는 퍼스널 브랜딩, 1인 기업이 더욱 대중화될 것이다.

#'나의 무기'를 발견하라!

자신에 대해 잘 아는 것이 무기가 되는 시대이다. 나의 성격, 특성에 대해 파악하고 나의 강점을 살려 돈을 벌 수 있다. 나의 강점이 돈점이 된다. 단군 이래 가장 돈 벌기 좋은 시대가 왔다. 이제는 내가 가진 지식과 강점을 활용하여 돈을 벌 수 있다. 지금 당장 강사 창업을 해야 하는 이유이다. 강사 창업을 결심했으나 어떤 콘텐츠로 강의할지 모르겠다면 자신의 강점에 대해 생각해 보는 것을 추천한다. 지나온 세월을 돌아보며 나의 경험과 성과를 떠올려 보고 정리해 보아라.

나는 독서 모임 활동을 하며 스피치 강사의 길을 확고히 할 수 있었다. 독서 모임을 하며 나의 생각 정리 방법과 말하기 능력이 남들보다 뛰어나다는 사실을 알게 되었다. 연극을 전공하고 강사 활동 경험이 있기에 '말하기'에는 어느 정도 자신 있는 편이었다. 그러나 타인의 인정과 칭찬을 받으니 내 강점이 더욱 빛나기 시작했다. 나는 이 강점을 적극 활용하여 나만의 스피치 커리큘럼을 만들고자 결심했다. 또한 나의 학창 시절을 떠올려 보았을 때, 내가 타인의 장점을 찾아 주고 이끌어 내는 역할을 했던 적이 많았다. 나의 영향으로 타인이 긍정적인 변화를 경험했을 때 큰 행복감을 느꼈다. 이런 경험을 통해 나의 강점은 다른 사람의 역량을 발견하고 끌어올리는 것이라는 생각이 들었다. 나는 내 강점에 대해 명확히 알고 이를 활용하여 스피치 강사에 도전하게 되었다.

강점을 발견하고 콘텐츠와 아이디어를 떠올렸다면 그 이후부턴 엉덩이 싸움이다. 해당 분야에 대해 깊고 넓게 공부해야 한다. 강사는 공부를 게을리하면 안 된다. 매일매일 공부하며 강의의 퀄리티를 높여 나가야 한다. 현장에서 활동하는 강사들 중 책을 멀리하는 강사는 없을 것이다. '수불석권(手不釋卷)'은 '손에서 책을 놓지 아니하고 늘 글을 읽는다.'라는 의미의 사자성어이다. 책으로 내면을 다지고 지식을 쌓아 나가야 한다. 좋은 내용은 수집해 두었다가 강의 자료로 활용할 수 있도록 아카이빙 해놓는 것을 추천한다. 즐거운 마음으로 늘 공부할 수 있는 자세를 가진 사람이라면, 기록의 즐거움을 아는 사람이라면! 지금 당장 강사 창업 하라!

당신의 말에 꽃을 피워드립니다

#마음속 깊은 곳에 있는 이야기

나는 말을 잘하는 방법을 알려 주는 스피치 강사가 아니다. 말하는 것이 즐거워질 수 있도록 돕는 강사이다. 화려한 언변을 펼칠 수 있는 방법을 알려 주는 사람이 아니라 자신의 생각에 확신을 가지고 즐겁게, 당당하게, 후회 없이 말할 수 있도록 돕고싶다. 말은 '잘'하는 것보다 매끄럽게, 자신 있게 하는 것이 더 중요하다. 말은 내 몸과 마음을 거쳐 소리로 발화된다. 생각에 확신이 있고 마음이 편안한 상태로 말을 하면 자신감이 자연스럽게 붙는다. 그래서 나는 스피치 컨설팅을 하며 마음속 깊은 곳, 내면에 귀 기울이는 시간을 매우 중요시한다.

#든든한 조력자

　사람들은 모두 꽃이다. 나도 꽃, 당신도 꽃. 하지만 대부분 자신이 꽃처럼 아름답고 빛나는 존재임을 모르거나 인정하지 않는다. 나는 그들의 내면에 숨겨진 꽃을 찾아 이름 불러 주는 것을 좋아한다. "당신은 이미 좋은 목소리를 가지고 있어요.", "열심히 노력하시더니 빠르게 성장하셨네요!", "너무 잘하셨어요!" 강사는 한 분야의 전문가이다. 따라서 강사의 말 한마디 한마디는 강한 영향력을 가지고 있다. 그러므로 강사의 피드백은 강한 영향력을 발휘한다. 내가 하는 일은 내면의 꽃을 발견하는 과정을 돕고 그 꽃을 활짝 피워드리는 것. 나의 조력을 통해 스피치 컨설팅 과정을 마친 후 스스로 열매를 맺을 수 있는 힘을 키워드리는 것이 나의 역할이다.

꽃

김춘수

내가 그의 이름을 불러주기 전에는

그는 다만

하나의 몸짓에 지나지 않았다.

내가 그의 이름을 불러주었을 때,

그는 나에게로 와서

꽃이 되었다.

내가 그의 이름을 불러준 것처럼

나의 이 빛깔과 향기에 알맞는

누가 나의 이름을 불러다오.

그에게로 가서 나도

그의 꽃이 되고 싶다.

우리들은 모두

무엇이 되고 싶다.

너는 나에게 나는 너에게

잊혀지지 않는 하나의 눈짓이 되고 싶다.

    나의 강의가 위로가 되었다고, 힘이 되었다고, 감사하다고 해 주시는 수많은 분들에게 "제가 더 감사합니다."라고 답한다. 김춘수 시인의 시처럼 내가 그들의 내면의 빛을 찾아 주고 알려 주니 그들은 꽃이 되었다. 그리고 그들의 감사 인사가 나의 내면의 꽃을 활짝 피워주었다. 나는 이 꽃을 이름답게 가꾸어 열매를 맺고 필요로 하는 이들에게 열매를 나누며 살아가는 스피치 강사, 면접 코치이고 싶다. 그리고 당신의 꽃이 열매를 맺을 수 있도록 정성을 다하며 강의할 것이다.

6

성공적인 삶을 사는 방법

#꽃에 물을 주듯

나의 영향력으로 세상에 긍정적 변화를 일으켰다면 성공한 인생이라고 생각한다. 위대한 업적을 남겨야 한다는 말이 아니다. 나로인해 한 사람의 삶이 조금 더 나아졌다면 꽤 성공적인 삶이라고 할수 있다. 그러므로 강사는 성공적인 삶을 살 수 있는 직업이다.

7년 동안 많은 수강생을 만났다. 학교부터 기관, 개인 컨설팅까지. 수천 명의 사람들을 만나며 인상 깊었던 순간에 대해 이야기해보려 한다. 초보 강사 시절, 대안 학교에서 학생들을 가르친 적이 있다. 주제는 '자기 발견과 표현'이었다. 그중 한 학생은 오랫동안 왕따를 당한 상처로 말을 전혀 하지 않는 학생이었다. 수업 내내 아무 말도 하지 않고 자신과 절친한 친구에게만 말을 했다. 소수 인원으로 진행되는 '자기 발견과 표현' 수업에서 말을 하지 않으니 수업의 진행이 어려웠다. 하루는 그 학생을 따로 불러 면담을 진행했다. 처음엔 아무 말도 하지 않던 아이가 시간이 지나니 엉엉 울며 자신이 말하지 않는 이유를 말해주었다. 중학생 시절 어떤 방식으로 괴롭힘을 당했는지, 수업 시간 자신이 말하면 어떤 놀림을 받는지에 대해 서툴지만 진솔하게 이야기해 주었다. 나는 학생을 안아 주며 연극 수업 시간만큼은 아무도 너를 놀리지 않으니 자유롭게 말해도 괜찮다고 이야기해 주었다. 선생님은 충분히 기다릴 수 있으니 수업 시간 중 말을 하고 싶은 순간이 오면 그때 말해도 괜찮다고 다독여 주었다. 처음으로 강의를 했던 학교라 학기 초에는 그 학생으로 인해 수업이 진행되지 않는 것이 힘들었다. 하지만 학생의 이야기를 충분히 들으니 힘들다고 투정을 부린 나 자신이 부끄러워졌다. 진심으로 학생에게 내 마음을 전달한 뒤부터 변화가 일어났다. 그 학생은 조금씩 수업에 참여하더니 나중엔 전학생을 이끄는 역할까지 했다. 학기 말에는 학예회에 나가 공연을 올렸다. 1년 동안 그 학생의 변화를 눈으로 직접 보았지만 믿기지 않았다. 그 학생의 변화가 100% 나의 영향이라고 말할 수는 없지만 나와의 대화 이후 달라진 학생을 보며 사명감이 생겼다. 내가 전하는 말, 내 행동 하나하나가 그들에게 영향을 미칠 수 있음을 다시 한번 깨달았다.

#당신의 은인이 될 수 있어 감사합니다

스피치와 면접 컨설팅 대상들은 성인들이기에 더 많은 관심을 기울인다. 현재 교육 과정은 학생 중심 수업으로 학생들이 자신의 생각을 표현하는 방식이 대부분이다. 그러나 과거의 교육 과정은 '주입식 교육'이었기 때문에 오늘날의 성인들은 자신의 생각을 표현하는 것에 익숙하지 않은 경우도 많다. '하트인스피치컴퍼니'의 문을 두드리는 이들은 대부분 성인들이다. '내 생각을 조리 있게 말하고 싶어요', '대화할 때 자신 있게 말하고 싶어요'와 같은 고민을 가지고 나를 찾아온다. 상담을 진행하면 "7주 안에 달라질까요?"라는 말씀을 많이 하신다. 나는 말한다. "저는 마법사가 아닙니다. 컨설팅을 받는다고 마법처럼 변화가 생기는 것은 아닙니다. 하지만 7주 동안 열정과 의지를 가지고 임해 주신다면 분명 변화가 생길 것이라 확신합니다. 저를 믿고 따라와 주세요. 최선을 다해 조력하겠습니다." 나는 그들을 위해 최선을 다해 '조력'할 것을 약속한다. 7주는 짧다면 짧고 길다면 긴 시간이다. 놀랍게도 모든 사람들이 7주 뒤 웃으며 교육장 문을 나선다. 보통 5주 차쯤 스스로 변화를 느낀다. 그전에는 개선된 것에 대해 말씀드려도 인정을 하지 않는 사람들이 많다. "글쎄요. 저는 잘 모르겠는데요."라는 반응이 4~5주 차부터 달라지기 시작한다. "친구들이 말하길 제 목소리에 힘이 생겼대요.", "회사에서 요즘 뭐 배우냐고 물어봤어요. 보고 내용이 잘 들린다고 칭찬해 주었어요.", "수업을 들으며 저를 더 사랑하게 되었어요."라는 피드백이 들려온다. 이 순간 나의 가슴은 뜨거워진다. 나의 직업이 사랑스러워지는 순간이다.

면접 컨설팅의 경우 수강생의 운명이 달린 중요한 시간이다. 이 시간 또한 나는 온몸을 내던져 컨설팅에 임한다. 수강생의 애티튜드를 점검하며 강점과 보완점을 찾는다. 면접에 활용될 스크립트를 제작하여 자기소개를 제작하고 예상 질문을 뽑아내 그에 대한 답변을 다듬는다. 면접 컨설팅 전 수강생들은 중요한 면접을 앞두고 있기 때문에 걱정스러운 얼굴을 하고 있다. 그러나 면접 컨설팅을 하며 풀리지 않는 수학 문제의 해답을 찾은 것처럼 밝은 표정이 된다. 면접 합격 소식이 들려오는 순간은 매번 울컥한다. 진심이 담긴 감사 인사를 받을 때면 내 가슴도 뭉클해진다. 종종 '은인'이라는 말을 듣는다. '은인'의 사전적 정의는 '자신에게 은혜를 베푼 사람'이다. 삶에서 은인이라는 말을 듣는 순간이 몇이 될까? 이토록 감사한 나의 직업을 오늘도 나는 가슴 깊이 사랑한다. 사랑할 수밖에 없는 나의 직업에 오늘도 감사한 날이다.

수업을 듣기 전 나의 모습 *

첫 면접이여서 사실 무엇을 어떻게 해야할지 아무것도 갈피를 못잡았습니다. 또한 예상 질문지를 혼자 채워넣으면서 문장이 다른사람이 들었을때 귀에 잘들어오는지와 같은 완성도에 대한 확신이 생기지 않았습니다.
면접 말하기연습을 혼자서나 친구,지인이랑 할때 실전처럼 하지못하고 잘 몰입이 안되며 연습이 되나 싶었습니다.

수업을 듣고 나서 변화 된 것 (수업 후기) *

나 자신을 사랑하게되었습니다

수업을 듣고 나서 변화 된 것 (수업 후기) *

면접 스크립트의 질문들이 좋아 자신에 대해 조금 더 잘 정리할수 있게 해주셨고 또 기억에 남는 말중 하나가 좋은 경험과 나를 잘알릴수있는 이야기들을 3가지 정도 준비해가면 어떤 질문에도 잘 쓸수있다 라는것과 질문지의 답변을 읽어주신후 수정을 잘해주셔서 혼자하는것 보다 훨씬 좋았던것 같습니다.
모의면접을 진행하면서 실제 면접에 대한 긴장감이나 부담감들을 많이 떨쳐낼수 있었습니다. 말하는 태도나 시선처리와 같은 면에서도 내가 어떻게 말했는지 되돌아 볼수도 있었습니다. 그리고 모의면접 후 내용적인 측면에서도 보완해야 할점이 생겨 좋았던것 같습니다.

수업을 듣고 나서 아쉬웠던 부분 (강사의 발전에 도움이 됩니다.)

감사하다고, 훌륭하신 수업 해주셔서 제 인생에 많은도움이 되었다고 쑥스러워서 더 말씀드리지 못해 아쉽습니다

스피치 수강생의 수업후기   면접 수강생의 수업후기

7

/인 기업형 인간

#1인 기업의 시대

  강사 창업은 무자본 창업이 가능하다. 지식 창업이기 때문이다. 초기에 내가 가장 많이 투자한 부분은 공부이다. 이미 알고 있는 지식에 새로운 내용을 더해 교재를 제작했다. 수업은 카페 세미나실을 이용하였기 때문에 음료값 외엔 비용이 들지 않았다. 이미 서울·경기권에서는 스터디룸을 대여하는 방식으로 수업을 하는 경우가 많았다. 포항에서는 이런 경우가 거의 드물었지만 오랫동안 '숨고(현재는 생활매칭 플랫폼으로 자리 잡아 강의 외 생활 관련 다양한 서비스를 진행한다.)'를 오랫동안 지켜본 결과 포항에서도 분명히 수요가 있을 것이라 생각했다. 무자본으로 가능한 지식 창업. 하지 않을 이유가 없었다. 더불어 요즘은 정부에서 '1인 창조 기업'에 대한 지원이 늘고 있는 추세이다.

「1인 창조기업 육성에 관한 법률」 제2조에 따르면 "1인 창조기업"이란 창의성과 전문성을 갖춘 1명 또는 5명 미만의 공동사업자로서 상시근로자 없이 사업을 영위하는 자를 말한다. 1인 창조기업은 자유롭고 창의적으로 창업하고 제품 및 지식서비스 등을 활발하게 판매할 수 있도록 사무공간 및 시설 등의 인프라뿐만 아니라 경영 및 사업화 등 판로개척을 지원받을 수 있다. 「1인 창조기업 육성에 관한 법률」 제14조에 따르면 정부는 1인 창조기업에 대한 국민의 인식을 높이고 1인 창조기업을 육성하기 위해 1인 창조기업의 성공사례 홍보사업 및 세미나 개최 등의 사업을 추진할 수 있다.[3]

이제는 '긱워커(Gig worker)'의 시대이다. 긱워커란 '고용주의 필요에 따라 단기로 계약을 맺고 일회성 일을 맡는 근로자를 이르는 말로, 디지털 플랫폼을 기반으로 한 공유경제가 확산되면서 등장한 근로 형태이다.'[4] 회사에서 평생 월급만 받는 시대는 지났다. 내가 가진 재능와 강점을 활용하여 판매할 수 있는 시대이다. '난 가지고 있는 재능이 없어.', '내가 할 수 있을까? 난 못해.'라는 생각이 드는가? 현재에 머물고 싶다면, 현재가 만족스럽다면 지금의 생활을 지속해도 괜찮다. 하지만 이 책을 손에 쥐고 가슴이 뛰는 걸 느꼈다면 당장

---

3 찾기 쉬운 생활법령정보
4 네이버 지식백과 시사상식사전

실행하라.

#나의 강점 파악하기

나의 강점에 대해 알고 싶다면 갤럽 강점 검사를 추천한다. 갤럽은 통계 회사에서 만들어진 검사로 사회적으로 성공한 사람들을 역으로 조사하여 그들의 성공 요소를 분석하여 만들어졌다. 검사 비용에 따라 상위 강점 5개 혹은 34개의 강점을 확인할 수 있다. 나의 상위 강점은 최상화, 개별화, 배움, 화합, 수집이다. 나의 강점을 간단히 설명하자면 1대1로 만나 상대방의 강점을 발견하고 그에게 맞는 최적의 솔루션을 제공하는 것이다. 나는 상대의 강점을 발견하여 최상의 수준으로 끌어올리는 것을 잘하는 사람이다. 더불어 새로운 것을 배우는 것을 좋아하며 배운 것을 잘 수집하여 활용한다는 강점이 있다. 나의 강점을 보면 내가 강사에 최적화된 사람이라는 생각이 든다. 더불어 '1인 기업', '긱워커' 시대에 살고 있음에 감사해졌다. 나의 강점이 1대1 컨설팅에 최적화되어 있다는 사실을 알고 나서는 그룹 컨설팅보다는 1대1 맞춤형 컨설팅에 집중하는 것이 좋겠다는 판단이 섰다. 강점을 알고 나니 더욱 자신감이 생기고 나에게 잘 맞는 방식으로 일하니 효율성도 높아졌다. 일단 무엇부터 시작해야할지 모르겠다면 강점 검사를 시행해 보는 것을 추천한다. 이후 내가 가장 관심 있는 분야는 무엇인지, 내가 하루 종일 말할 수 있을 만큼 좋아하는 분야가 무엇인지 생각해 보아라. 혹은 지인들이 스쳐지나가듯 했던 칭찬을 떠올려 보는 것도 좋다. 나는 과거부터 친구들의 장점을 찾아 칭찬해 주는 것을 좋아했다. 일부러 찾은 것이 아니라 그저 내 눈에 장점이라 생각되어 칭찬을 했다. 어떤 친구는 부끄러워하며 칭찬을 인정하지 않았다. 그러나 나중에 단둘이 있게 되자 "서연아. 네가 칭찬해 주어 기분이 좋았어. 나도 몰랐던 장점을 알게 해 주어 고마워."라는 대답을 들었다. 성인이 된 후로는 진로에 대해 고민하던 친구들의 장점과 강점에 맞추어 진로 상담을 하는 일이 자주 있었다. 처음에는 '내가 그 일을 할 수 있을까?' 의심하던 친구들이 현재는 내가 추천해 준 직업을 가져 만족스러워하고 있다. 이러한 사건들이 현재 나를 스피치, 면접 컨설턴트로 자리 잡게 하는 데 영향을 주었다. 나의 조언을 현실로 만들어 낸 친구들을 보며 나에게도 행복과 성취감이 찾아왔다. 이러한 경험들을 통해 나도 내 강점을 파악하고 현재의 내 직업을 가지는 데 영향을 받았다. 당신은 어떤 강점을 가지고 있는가? 자주 들었던 칭찬은 무엇인가? 빈 종이를 하나 꺼내 들어라. 그리고 생각나는 대로 나의 장점을 20개만 적어 보자. 자주 나오는 키워드가 있다면 유심히 보아라. 그리고 그것을 활용해 돈을 벌 수 있는 방법을 연구해 보길 바란다.

박비주

저자는 백배 성장이라는 말을 실현했다.
흙수저 무명 강사에서 강사 창업을 통해 성공과 행복을 거머쥐었다.
강사 창업의 노하우로 많은 강사님들을 브랜딩해 주며 성공을 돕고 있다.

강사 인생 하루가 책 한 페이지를 적어 내려갈 수 있게 하루 한 가지 경력을
만들고 강사라는 인생 속 역사를 만들어야겠다는 다짐을 했다.
앉으나 서나 새로운 교육 아이템, 잘되는 강사 시스템을 생각하고 실행했다.
어느덧 그 실행이 성공으로 이어지면서 교육 전문 플랫폼을 이루었다.
백배 성장이라는 슬로건으로 백배 성장 공간 트윙클 컴퍼니를 만들었다.
트윙클 컴퍼니 대표로 성공강사 시스템 노하우로 성공강사, 일타강사를
양성하고 그들과 함께 손잡고 교육 플랫폼 정상으로 뛰고 있다.

현] 트윙클 컴퍼니 대표 -강사 창업 브랜딩 컨설턴트
– 일타강사 양성 컨설턴트
– 스피치 컨설턴트
– 라이브 진행자
– 행사 아나운서

인스타그램 #트윙클컴퍼니
메일　　　speechbiju@naver.com
전화　　　055 263 1210

Park Biju

1

결과 주의자

#간판 없는 교습소

전체적으로 어두컴컴한 느낌 그리고 판자로 칸을 대충 나누어 둔 교습소를 권리금 300만 원, 보증금 500만 원, 월세 40만 원, 없는 돈 쥐어짜 내어 계약을 했다.

스피치라는 교육 콘텐츠로 시작했을 때 한 학원에 입사하여 보조 강사로 월 28만 원을 받았다. 토요일은 오전 9시부터 시작하여 오후 6시에 끝나는 창원 지역 문화센터 투어를 해서 돈을 벌었다. 남편에게 내가 명강사가 될 테니 보증금을 내어 달라하고 모았던 돈으로 권리금을 내어 계약했다. 내 이름을 걸고 하는 교습소라 열심히 치우고 닦고 설레어 있는데 관리실에서 찾아왔다. 간판 다는 위치를 정하고 설치하는 비용이 600만 원이 든다고 했다. 난감했다. 보증금보다 더 큰 돈이었다. 돈이 없었다. 공장 부지를 지어 팔겠다고 친정아버지는 남편에게 1억 3천만 원을 빌려가 공사를 시작하기는커녕 이쪽 업체 저쪽 업체가 복잡하게 꼬여 계약금으로 날렸다. 그 돈을 갚아 주지도 않고 모르는 척 숨어 버린 상태였다. 그로인해 나는 설 곳이 없었다. 그래서 남편에게도 간판 이야기를 하지 못했다. 속상한 마음으로 집으로 가는 길 교습소 상가, 앞 상가에 달린 간판들이 나를 비추며 놀리는 것 같았다. 교습소 계약 괜히 했다. 능력도 없는 내가 뭘 한다고 안 될일을 시작했을까? 스스로 무너지기 시작했다. 집안 상황도 안 좋은데 내가 괜히 해서 더 안 좋아지는 거 아닌가? 불안하기까지 했다. 첫 교습소 오픈의 현실은 참 비참했다. 잘해보려고 시작했는데 오히려 초라한 내 자신을 확인하게 되면서 슬퍼지기만 했다.

#Die

내 위치와 가난을 직면했다. 나는 겨우 1년 된 초보강사였고 돈이 없는 집안, 아버지가 남편에게 진 빚 때문에 매일 전쟁 같은 부부싸움, 배 속에는 하나도 아닌 쌍둥이 임신, 매일 속상해 하며 눈물흘리는 엄마, 며느리를 썩 마음에 들지 않아 하는 시댁 식구. 내 환경도, 마음도 모든 게 가난했다. 희망이 없이 느껴지고 죽고 싶었다.

내가 원하는 강사의 모습, 내가 원하는 결혼, 내가 원하는 환경이 아니었다. 이 일을 해결해 줄 사람은 없다고 생각이 들었다. 하지만 마음처럼 죽지 못했다. 죽을 용기도 없고 배 속의 두 생명체를 모르는 척할 순 없었기 때문이다. 대신 죽은 것처럼 지냈다. 무명 강사에게 어떤 사람이 먼저 전화를 해 컨설팅을 문의할 것이며 간판이 없기 때문에 교습소가 있는지도 모르는데 찾아올 일 없었다. 그러다 보니 교습소에 출근할 일도 없었다. 매일 집에 있었다. 집에서는 '돈'으로 시작된 지옥 같은 부부싸움에 밤새도록 울고 쌍둥이 임신으로 극심한 입덧까지 그냥 모든 게 지치고 힘들어 밤이 되어도 불 켜지 않고 생활했다. 그렇게 우울하게 암흑처럼 몇 개월이라는 시간을 흘려보냈다.

#독촉

그러던 어느 날 배는 점점 불렀고 생활은 좀비처럼 하고 있는데 전화가 걸려왔다. "상가 관리실입니다. 관리비가 계속 밀려 있는데 관리비 입금 부탁드려요" 월세는 보증금에서 알아서 깎이겠지 하고 모르는 척하고 있었는데 상가 관리비는 빚이 되는 상황이었다.

그 순간 소름이 끼쳤다.

'뭐지? 닮았네? 이게 무책임한 내 아버지의 모습과 다를 게 뭘까.' 온몸에 소름이 끼쳤다. 혐오가 혐오를 낳는 순간이었다.

가족을 지키지 못하고 무책임함으로 나를 벼랑 끝까지 내몰았다고 생각하는 사람을 내가 닮아 있는 그 순간 '절대 저렇게 살지 않겠어', '나는 달라!'라고 이야기 하던 내 모습이 떠올랐다. 나도 내 아이에게 내 아버지와 같은 사람이 된다? 이렇게 살 수 없었다. 정신을 차렸다. 서둘러 월세도 관리비도 밀려 있는 교습소로 갔다. 차디차다 못해 냉랭한 기운이 도는 교습소 책상에 가만히 앉았다. 다짐했다. '어떻게든 해결하겠다. 나는 해내겠다. 이곳에서 돈 벌어 나가겠다.' 그리고 당장 교습소와 가까이 사는 친구에게 전화해 교습소로 놀러 오라고 했다. 놀러 온 친구에게 책상에 앉아 칠판을 보는 척 학생의 역할을 시키고 수강생처럼 연출해 사진을 찍고 칠판 앞에 있는 내 모습도 찍어 달라 요청을 했다. 그리고 블로그에 올렸다.

#트윙클스피치 #창원스피치잘하는곳 #트윙클스피치아카데미박비주강사 #창원면접스피치 #창원키즈스피치

간판을 걸 돈 600만 원이 없으니 온라인으로 간판을 달아 보겠다 다짐하며 매일 컴퓨터 앞 몸으로 떼웠다.

② 관점 체인지 성공 관통

#평범한 관점을 거부한다

'좋은 날이 올 거야.' '해 뜰 날이 올 거야.' '행복한 날은 분명히 온다.'

따뜻한 말 참 많이 들었다. 좋은 말 해 주는 사람들 마음에는 감사했지만 말에는 감사하지 않았다. 언제 좋은 날이 오는 건데? 해는 언제 뜨는 건데? 행복한 날은? 너무 간절했기에 말만 듣고 기다릴 수 없었다. 그래서 듣지 않았다. 원하는 게 있다면 그것이 올 때까지 기다리지 못하는 것은 내 성격이자 내 본질인 듯했다. 기다리지 못하면 서둘러 빨리 내가 좋은 날을, 해 뜰 날을, 행복한 날을 만들어야 한다. 가만히 생각해 봤다. 내가 살아가야 하는 세상은 자본주의 사회, 물질 만능 주의 사회였다. 내가 괴로운 이유도 물질이고 자본이 제일 큰 문제였다. 물질 만능 자본주의 사회는 기다려 주지 않고 나는 계속 도태되고 있었다. 많은 사람들이 '~할 거야' 하면서 기다리기만 한다. 좋은 날, 해 뜰 날만 기다리는 멘트가 사회적으로 가장 많이 하는 위로이며 서로 응원하는 말로 사용되다 보니 모두들 알게 모르게 '기다려'라고 가스라이팅에 당해 버렸다. 다들 그렇게 살아가는 것이 평범한 것이며 편안한 삶이 된다고 착각하고 있다. 물질 만능 주의 사회, 자본주의 사회에서는 기다린다고 돈 주지 않고 경쟁에서 이기지 않는다. 조금만 뒤처지면 무시당하기 일쑤고 사는 게 팍팍해진다. 그리고 가난 속에서도 언젠가는 돈을 벌어 나는 부자가 될 거야 하고 기다리면, 죽어라 뜨겁게 기다리면 가난에서 끝까지 살게 될 것 같았다. 그때 생각했다. 관점을 달리하자.

#무시한 사람보다 무시당한 사람이 더 나쁘다

남편에게 말한 적 있다. "한 달에 꾸준히 250만 원만 벌었으면 좋겠다." 사업을 하고 있던 남편이 내게 한 답변은 "제발 그래라."라는 짧고 굵은 핀잔이었다.

그 순간 만감이 교차했다. 무시하는 건가? 아니면 내가 일을 하는 동안 빠져나가는 친정 엄마 용돈, 베이비시터 비용이 부담스러운 건가? 아무래도 두 가지 다 속하는 것 같았다. 무시하는 남편이

야속한 게 아니라 무시당하는 내 자신이 야속했다. '나를 무시해? 내가 언젠가는 당신이 무시한 순간을 미안하게 만들 거야!' 그렇게 다짐하며 날을 샜다.

쌍둥이 새벽 수유로 피곤해 오전만 되면 잠을 자던 내가 잠을 자지 않고 교습소로 나갔다. 교습소 청소를 하고 식물도 이곳저곳에 키우며 누구보다 친절하게 상담을 하고 죽어라 블로그를 했다. 혼자 있는 날은 교재를 만들고 강의 계획서를 이곳저곳 보내 보기도 하며 대한민국 어떤 강사보다 더 열심히 한다고 스스로 생각했다. 하지만 하루아침에 변하지 않는 것이란 걸 알아도 크게 변하는 게 없어 힘들었다. 열심히 노력은 하고 있고 나는 바꾸려고 하는데 바뀌지 않으니 재미가 없었다. 친한 친구를 만나 내가 이렇게 열심히 하는데 잘 되지 않는다라고 이야기를 하면 친구는 "그래도 그렇게 하다 보면 좋은 날이 올 거야." 혹은 "원래 인생이 내 마음대로 안 되는 거야.", "원래 그래."라고 하면서 나를 위로했다. 나는 다시 제자리로 돌아갔다. 그렇게 서서히 다시 원래의 삶으로 돌아갔다. 부부싸움은 더 심해져 갔다. 남편은 '애 두고 나가서 뭐하냐? 베이비시터 값만 더 쓴다.'라고 하고 시댁에서도 '남편이 벌어 오는 돈 100원이면 100원, 10원이면 10원으로 생활하는 게 여자며 애들 잘 키우는 게 성공'이라고 말씀하셨다. 야속했다. 나는 노력을 했고 내게 주어진 시간에 최선을 다해 교습소에 나가 쓸고 닦고 할 수 있는 한 모든 것을 다 했는데 몰라주고 나를 무시한다는 것 자체가 힘들었다.

그러나 결과가 없다 보니 내 노력을 증명할 수 없었다. 무시에 이유가 있었다. 남들이 하는 만큼만 했고 남들이 생각하는 만큼만 했으니 경쟁력이 없었고 경쟁력이 없다 보니 수익으로 말하지 못한 것이었다. 남편과 시댁은 무시할 이유가 있었던 것이었다. 가만히 생각해 보니 무시한 사람은 이유가 있었고 무시를 당한 나는 이유가 없었다.

그때 처음 알았다. 무시를 한 사람이 나쁜 게 아니라 무시를 당하는 사람이 나쁜 거였구나! 무시를 당하는 사람은 남들 하는 만큼 하고 안 되는 이유만 찾아서 안 되는 이유가 합당해졌다. 합당하다 생각하고 그만두니 무시를 당하는 사람이 나쁜 거였다. 그리고 존재만으로도 특별하고 귀한 나를 내 스스로 함부로 대했다는 것 또한 무시당하는 이유였다.

그때 나의 잘못된 관점 하나하나를 파악했고 체인지했다.

관점을 체인지하면서 생각 확장이 일어났다. 생각 확장이 일어나면서 행동했다. 행동을 통해 나는 점점 바뀌기 시작했다. 박비주라는 내면도, 수익의 숫자도 바뀌었다.

3

환경설정전략

#인정했다

 세상은 나 혼자 열심히 한다고 잘 되는 것도 맞지만 타인과 함께 열심히 했을 때 더 성과가 크다는 것을 알고 타인을 있는 그대로 인정하는 데 도움이 된다는 색채 심리학 공부를 시작했다. 색을 통해 삶의 있는 그대로를 받아들이고, 틀리게 보지 않고, 색색마다 본연의 아름다움을 들여다보고 인정하는 법을 배웠다. 퍼스널 컬러의 시작으로 박비주라는 내 자신이 외면적으로 가진 색 그리고 멘탈 퍼스널 컬러를 분석하며 내면이 가진 색을 그대로 느꼈다. 색채와 마음이 연결되어 있다는 색채 심리학이라는 학문을 통해 내가 좋아하는 색과 싫어하는 색의 이유를 알아내고 그 이유에 맞게 대응하고 치유

하면서 나 박비주라는 사람의 무의식, 그것에 내재되어 있는 감정의 근원을 알게 됐다. 그러면서 자유롭게 내 마음을 쓰며 사람들을 쳐다볼 수 있었다. 그리고 조금 이해되지 않는 것들이 이해되고 이해 못하는 것들을 굳이 이해 안 해도 되는 자유도 얻었다. 비로소 나는 조금이나마 진정한 '인정'을 알게 되었다.

'다시 태어난 것처럼 환경 설정 하자.'

지금까지 살아오면서 박비주라는 사람에게 잘못된 습관, 행동이 있었다는 것, 그 행동에는 내재적으로 깊은 곳에서 올라오는 생각이 있었다는 것을 알게 되었지만 그것을 바꾸려니 정말 쉽지 않았다. 이 글을 쓰고 있는 지금도 '완벽하게 저는 바뀌었습니다.'라고 말 못한다.

지금도 바꾸려고 노력하는 중이니까 모든 것을 완전하게 바꾼다는 것은 어쩌면 있을 수 없는 일인거라는 생각을 했다. 하지만 바꿀 수 있는 데까지는 최선을 다해 바꿔야겠다고 생각했다. 색채를 통해 알게 된 '나'라는 사람은 단순하면서도 생각이 쓸데없이 넓고 깊어 만나는 사람의 이야기 주제가 중요한 사람이었다. 그리고 꽂히면 하나밖에 모르는, 멀티가 안 되는 사람이었다. 그렇게 나라는 사람의 색을 그대로 보고 인정하면서 다시 태어난 것처럼 환경 설정을 해야 겠다고 생각했다.

환경 설정 첫 번째 비즈니스 개념이 꽉 찬 사람

사람을 정리한다는 것은 가장 큰 어려움이었다. 사람을 정리하기 위해선 사람을 구분하는 디테일이 필요했다. 혼자 살아가지 못하는 세상, 그렇담 함께 살아가야 하는데 함께 살아가는 사람들의 생각에 지배를 심하게 받는 색을 가진 나는 주변 사람이 그 누구보다 중요했기 때문이었다.

앞서 말한 것처럼 좋은 날이 올 거야, 해뜰날이 올거야 기다리는 사람들이 아닌 비즈니스 개념이 있는 사람이 필요했다. 남들보다 깊이 생각하고 세상을 인정으로 쳐다보고 또 그보다 더 큰 세상을 보는 사람, 경쟁력, 경제력을 바탕으로 비즈니스 개념이 큰 사람들과 지내야겠다 생각했다.

뜨겁다 못해 뜨거워 죽겠는 가난 속에서 좋은 날이 올 거라는 사람들보다는 가난 속에서 직접 부를 짓고 있는 사람들의 창조 능력이 나를 자극시키고 성장버튼을 눌러 주었다. 그래서 그들 사상을 듣고 따라다니며 그들을 관찰했고 좋은 점은 무작정 따라 했다.

환경 설정 두 번째 돈과 시간의 가치를 아는 사람

'그깟 돈 뭐라고', '시간 한번 내는게 어렵나?' 애기 키우며 일하는 워킹맘은 24시간 하루가 모자라다. 자본주의 사회에서 돈을 벌기란 결코 쉽지 않다. 쉽지 않게 번 돈을 그깟 돈이라 명칭하고 하루하루를 쪼개어 바인더를 쓰며 나눈 시간을 시간 내는 게 어렵냐며 무시하는 사람은 철저히 돈과 시간 그리고 나를 무시하는 사람이라고 생각이 들었다.

　돈과 시간만 잃는 것이 아니라 진짜 내 자신을 지키지 못하고 타인의 삶 속에서 살게 될 것 같았다. 관계와 감정을 철저히 배제하고 이성적으로 생각해 돈과 시간의 가치를 무시하는 사람보다는 돈과 시간의 가치를 아는 사람하고만 지내기로 했다. 그런 사람과 만나니 1분 1초 유익한 이야기를 나누고 한 번을 만나도 찐하고 깊게 만나게 됐다. 억지로 친구와 자주 봐야 한다는 생각으로 없는 시간 내어 만나 시간에 구멍 내는 것보다도 만나기 어렵지만 그렇게 만나는 것이 남는 게 많고 여운이 오래가 더 깊었고 행복했다.

환경 설정 세 번째 부정 귀신 피하기

　부정적인 사람을 만나면 힘들어지는 건 누구나 알고 있을 것이다. 그런데 부정은 나도 모르게 씌게 되어 있다. 그래서 나는 부정을 귀신이라고 생각한다. 대한민국 뉴스 기사 댓글을 보면 온통 욕이다. 소신 발언으로 자신의 생각을 소리 내기보다는 '이래서 헬조선이다.', '열심히 살 필요없다.', '잘사는 놈들만 잘되는 세상이다.', '서민은 그냥 죽어야 한다.'라는 미친 부정들이 판을 치고 있다. "동네에 조그마한 공방이라도 차려 볼까?"라고 질문을 던지면 "야 하지 마. 지금 경기 어려운 거 안보이냐? 현실적으로 생각해라. 널 위해

하는 소리야."라는 말만 돌아온다. 말이 좋아 걱정이지 그건 정확히 부정이다. 내가 결정한 일에 상대의 걱정이라고 빙자한 부정이 꼭 필요한가? 그리고 걱정을 빙자해 부정한 것뿐만 아니라 더 깊이 들여다 보면 "야, 네가 될 것 같냐? 너보다 잘난 놈들도 망하는 세상에"라는 무시가 기반이 된 말이다.

내 인생에 결정은 내가 하는 것이고 내 걱정도 내가 하는 것이다. 굳이 부정 귀신들에게 휩싸여 흔들릴 필요가 없다. 무조건 부정 귀신은 피해야 한다. 귀신 들리면 영혼이 피폐해지고 일상생활 못하는 사례를 티비를 통해서 영화로도 종종 보는 것처럼 부정적인 생각만 하는 사람들을 만나면 우리는 죽을 때까지 부정적인 생각만 하며 살게 되기 때문에 부정 귀신보다는 긍정으로 가득 찬 사람을 만나고 긍정적인 생각을 하는 훈련에 돌입해야 한다.

1. 비즈니스 개념이 꽉 찬 사람
2. 돈과 시간의 가치를 아는 사람
3. 부정 귀신 피하기

이렇게 세 가지로 나누어 작은 행동부터 크게 행동하기까지 모든 것을 환경 설정했다. 아직도 나는 이 세 가지로 나눈 환경 설정을 따라가고 있다. 인정으로 시작해 나를 만들어 가다 보니 확실한 정체성을 가지게 되었고 그 정체성으로 영앤리치 교육 사업가가 될 수 있었다.

정체성

#진정한 겸손은 당당함이다

간판 없는 교습소가 내 인생을 바꿨다. 철저히 내 자신의 밑바닥을 직면했고 밑바닥에서 미친듯이 올라가기 위해 살려 달라는 듯 점프를 했다.

무조건 행동을 실천했고 행동하다 보니 나의 내면도 자연스럽게 바뀌었다. 그래서일까? 상담하면 원샷원킬 수강생분들이 믿어 주셨다. 창원 지역 스피치 학원 상담을 여러 군데 다녀도 트윙클이 제일 자신 있어 보였다고 했다. 오만이 아니라 진정하게 겸손했다.

진정한 겸손이란 무조건 나를 낮추는 잘못된 겸손이 아닌 걸 알아야 한다. 진정한 겸손은 내가 어떤 잘난 부분이 있더라도 상대와 평등하게 생각하는 것이다. 수강생이 "저는 말하기가 어려워요."라고 한다면 "저도 그 부분 함께 나누며 어렵게 생각하고 해결해 보겠습니다."라고 이야기를 했다.

진심이었다. 그리고 나는 그 부분에 대해 수강생의 어려움을 관찰하고 어렵게 교육의 방식을 만들어 갔다. 그러면서 트윙클 스피치 화술 교습소라는 곳에 후기가 생겼고 입소문이 났다. 그리고 점점 고정 수강생이 생겼다. 소개에 소개가 이어졌다. 자칫 잘못하면 잘난 체하는 것으로 이어질 수 있었을 텐데 진정 스스로 힘을 빼고 수강생의 시선과 같은 시선, 평등한 시선에서 시작하니 점점 알아봐 주시고 탁월한 능력으로 인정해 주셨다. 한 번도 장점을 과시하고 타 교습소를 괄시하며 우리 교습소 코칭만 지나치게 강조하는 운영을 하지 않았다. 힘들고 거친 풍파가 일어나는 것 같은 발표 트라우마, 인생이 걸려 있는 중요한 면접 골든 타임. 그런 상황에 처한 사람들을 코칭해 줄 때마다 겸손함과 나만의 자아를 가지고 코칭했다. 그렇게 나의 코칭은 정체성을 찾았고 더욱더 호소력이 짙어졌고 시선을 끌었다.

#가짜 모습

남들에게 인정받기 위해 가짜 모습으로 살아가는가? 가짜 모습이 아닌 내 자신을 내가 아끼고 다듬기 위해 이미지 메이킹을 해라!

남들에게 인정받기 위하니 나를 낮추고 그들의 틀 속에 나를 맞추니까 인생이 재미없어지고 누구를 위한 삶인지 정체성 혼란이 오는 것이다.

　　내가 내 자신을 위해 이미지 메이킹하고 이를 통해 내 자신을 인정하고 자신감을 얻게 되면 정체성 확립이 된다. 흔들리지 않고 한 길을 꿋꿋이 소신 있게 가게 되는 것이다. 정체성이 없다면 큰일 난다. 다수의 말에 의거해 자신의 삶을 살다 보니 인생이 재미가 없다. 재미가 없어 내 인생을 포기하는 순간 다수에게 맞추어 살았기 때문에 다수에게 피해를 준다. 말 그대로 남에게 피해 주는 삶을 살게 될 확률이 높은 것이다. 정체성이 없다는 것은 '가치'가 없는 것이다. 지금 당장 우리의 주머니 사정이 어려워 가치를 따지지 않고 당장 주머니를 채우기 위해 아무 일이나 하고 돈을 번다면 오래 할 수 없다. 주머니가 채워지면 당장 그만 둘 것이고 그만두는 순간 채워진 주머니의 돈을 꺼내 쓰게 되니 금세 주머니가 비어 버리는 게 가치 없이 시작한 경제 구조다. 그래서 우리는 확실하게 내가 원하고 내가 그리는 비전 있는 경제력 거기에 밑받침이 될 행동으로 나의 정체성을 제대로 확립해야 한다. 그렇게 해야 '가치'를 만들 수 있다. 그래야 돈은 더 빨리 찾아오고 마음의 가난, 경제의 가난에서 벗어나게 된다.

　　'이목구비는 내 것. 그것 말곤 모두 상대의 것'이라는 말이 있다. 이목구비는 어머니 아버지가 물려주신 귀한 것이므로 절대 탓하고 미워해서는 안 된다. 하지만 표정이나 옷차림, 헤어스타일은 모두 상대의 것이다. 상대의 시선으로 보는 나이기에 온전히 상대의 것이다. 상대에게 나의 인상은 5초, 길게는 15초 만에 결정이 된다. 교육이라는 비즈니스는 신뢰가 바탕이 되어야되고 신뢰는 상대가 하는 것이다. 강사는 한 번에 뇌리에 박히는 첫 이미지가 굉장히 중요하다 그래서 이미지 메이킹은 실력이라고 나는 말하고 싶다. 신뢰를 해야 코칭을 할 것이고 코칭을 해야 수익화하고 수익화해야 자산을 늘리며 부와 가치를 함께 키우는 진정한 성공가가 되는 것이 아닌가? 그런데 아직도 "저는 코칭 실력으로 말하고 싶어요."라고 하는 답답이 강사들이 있다. 자신을 가꾸는 것도 코칭 실력이라고 나는 생각한다. 내가 멋지고 신뢰가 가야 수강생들은 나와 교육을 계약한다. 그리고 파트너들도 나와 함께 하고 싶어한다. 왜? 이미지 메이킹이 제대로 되어 있으니까! 사람 보는 눈 다 똑같다. 기왕이면 예쁜 사람, 멋진 사람을 선호한다. 그래서 우리는 당장 이미지 메이킹이 중요하다. 성공강사처럼 입고 성공강사처럼 말하고 성공강사처럼 행동해라. 더 이상 코칭 실력으로 말하겠다는 답답한 소리 말고 당장 이미지 메이킹을 해라.

상대가 당신을 신뢰하면 당신이 몰랐던 정체성이 드러난다. 아니면 반대로 자신이 가지고 싶은 정체성처럼 꾸며라! 어떤 사람과 만나며 어떤 부류의 학생을 만나고 어디에 나오는 강사가 되고 싶은가? 지금 당장 그 모습을 만들어라. 그래야만 우리는 진정한 내가 원하고 수강생이 원하는 강사가 될 수있다. 이미지 메이킹도 코칭의 실력이며 당신의 정체성임을 잃지 않아야 한다.

#탈출

진정한 겸손이 만든 당당함. 그저 잘 보이고 싶은 욕심으로 만들어진 이미지가 아닌 나의 정체성에 딱 맞는 이미지로 나는 간판 없는 어두컴컴한 교습소에서 벗어났다. 창원 지역만큼에서는 알아주는 강사가 되었고 잡지 및 지역 신문에 소개되어 교습소에 사람이 북적이니 어둠보다는 환한 빛으로 가득했다. 그리고 더 환한 100평대, 제대로 된 교실이 있는 창원 최대 규모 스피치 교습장으로 옮기게 되었다. 남편은 나를 존경하기 시작했고 해내는 여자라고 말했다. 제대로 된 정체성이 나를 성공으로 이끌었다.

5

교육사업 영앤 리치

#자신의 능력을 발견하고 사용할 수 있다는 건 놀랍도록 멋진 일

월세, 관리비 걱정하던 트윙클 스피치 교습소를 운영할 때는 내가 이렇게 바뀔 수 있는지, 돈을 벌 수 있는지 예측조차도 못했다. 수강생이 들어오는 날은 재수가 좋은 날, 수강생이 안 오는 날은 시급이라도 날 불러줬으면 좋겠다 생각했기 때문이다. 극단적으로 바뀌지 않으면 난 평생 이렇게 살아야 한다고 생각한 순간부터 다르게 생각하고 내가 하는 일에 가치를 찾고 그 가치에 맞게 생각을 확장하며 쓰레기 같았던 나쁜 의식은 버렸다. 주변을 정리하면서 나는 점점 나은 사람이 되었고 스피치 교육 코칭도 기가 막히게 좋아졌다. 지금은 스피치를 파이프 라인 카테고리로 교육 플랫폼 회사를 운영한다. 개인 사업자가 아닌 법인 회사 (주)트윙클컴퍼니 대표가 되었다. 몇 천만 원, 몇 백만 원 작게는 시급 몇 십만 원으로 교육 제안을 받고 있을 뿐만 아니라 다양한 교육 전문가들이 박비주가 롤모델이라며 찾아와 강사 창업에 대해 배우고 있다. 나를 찾아와 배우고자 하는 강사님들을 위해서는 돈이 되는 성공을 브랜딩해 주고 개인 기업이 될 수 있는 노하우와 수직 성장 하는 방법을 아낌없이 알려준다. 그러면서 그들과 함께 커나가고 있다.

나는 과거에서 죽어라 뛰어나왔다. 뛰다 보니 내 능력을 찾았다. 내 능력을 탁월하게 '코칭'이라는 것으로 사용하고 놀라운 수익을 얻었다. 거기에다가 다른 사람의 능력을 발견해주는 발견자로서 그 능력이 무기가 될 수 있도록 성장시키면서 나도 성장했다. 매일이 기적이다. 기적이니 놀랍다. 놀라우니 멋지다. 그게 바로 강사 창업 함께 가진 선한 영향력이고 부자 되는 수익화 방법이고 내가 살아가는 의미가 되었다.

#성공의 기회는 바로 지금 당신의 선택이다

지금의 나를 과거가 만든 존재라고 생각하고 과거에 얽매여 계속해서 이렇게 살 것인지, 지금의 내가 미래의 존재라는 것을 깨닫고 지금 당장 다르게 생각하고 능력을 쌓아 미래의 존재인 나를 대단한 존재로 만들 것인지는 당신의 선택이다. 당신이 결정한 순간부터 당신의 미래는 달라질 것이다. 지금 당장 출발하자. 정말 살기 팍팍한 이 자본주의 세상에서 웃으려면 우리는 쓰레기 같은 마인드부터 버리고 패배자의 변명은 늘어놓지 않으며 더 이상 가난한 우리 집을 탓하지 말고 끝없이 노력하고 선택하는 훈련을 해야 한다.

#발견자

빨리 크고 싶다, 빨리 해내고 싶다, 빨리 큰 돈벌고 싶다라고 생각이 들어 프리 강사를 선택해 혼자 스케줄을 채우고 혼자 돈 벌 생각을 했다. 그래서 1인 교습소로 신고를 했다.

'혼자 가면 빨리 가고 함께 가면 멀리 간다.'라는 아프리카 속담을 듣고 생각했다. 지금 당장 수익을 위해, 성장을 위해 혼자 다 일을 맡아 처리하는 것은 24시간 한 사람 시스템이라 더 이상 크지 못하겠구나! 깨닫는 순간 좋은 사람들과 함께 성공해 멀리 가야겠다고 생각했다. 그것이 내가 원하는 성공이니까! 스피치 강사 양성 수료 과정을 진행하면서 강사님들의 좋은 점을 발견하는 발견자가 되었고 좋은 점을 발견해 칭찬하면 정말 실력이 두 배로 세 배로 커지는 강사님과 계약을 해 같이 일하기로 했다. 1인 교습소는 세금이 많이 나오지 않고 비과세라 부담이 없어 좋았다. 그러나 이제는 세금보다 멀리 가고 싶다는 내 꿈이 더 중요했다. 더 크게 벌려면 세금을 무서워하지 않고 벌어야 한다는 생각이 들어 교습소를 폐업하고 트윙클 컴퍼니라는 회사를 차렸다. 함께 가기 위해 과감히 교습소를 버리는 나의 행동력에 동료 강사는 나를 더욱더 믿었다. 그리고 더 두터운 파트너십이 생겼다. 그렇게 나는 나를 믿는 좋은 사람과 함께 가면서 더 크게 확장하고 동종업계 라이벌들을 라이벌로 생각 안 할 만큼 더 빨리 멀리 올 수 있게 되었다. 그리고 나의 파트너들과 끝없이 서로 마음의 양식을 제공하고 습관과 자세에 관한 피드백을 주고 받았다. 그렇게 함께 잠재의식을 활용하고 준비하며 끊임없이 트윙클을 키워 나가고 있다. 아직도 프리 강사로 다이어리에 스케줄만 채울 생각을 했다면 지금 내가 누리는 시간적 자유, 경제적 자유을 누리지 못했을 것이다.

#우리 와이프 돈 잘 벌어요

트윙클 컴퍼니 교육 컨설팅 개인 사업을 시작하면서 목표를 장기적으로, 단기적으로, 체계적으로 만들었고 매일 갱신해 왔다. 그리고 회사의 우선순위를 정했고 장애물을 넘어가며 열심히 교육 사업에 매진했다. 시급으로 주던 강사 비용을 '성공보수제'에 적용해 파트너와 더 똑똑하게, 더 열심히 할 수 있는 시스템을 만들어 갔다. 개인 사업자 대표 박비주라는 내 자신에게 누구보다 충실했다. 끝없이 확언하고 목표를 달성한 내 모습을 생생하게 떠올리면서 목표를 추적해 나갔다. 그리고 나보다 더 잘나가는 사람들을 진심으로 축복

하고 응원하고 따라하며 나만의 스타일을 만들었다. 어느 날 뒤돌아 보니 내가 사랑하는 자식들에게 필요한 것들을 고민하지 않고 사주고 남편의 경제적 부담을 덜어 주는 여자, 남편에게 둘만의 크루즈 여행을 선물하는 여자가 되어 있었다. 남편은 '우리 와이프 돈 잘번다.', '우리 와이프는 태생이 사업가다.'라며 자랑을 하고 다닌다. 남편이 100원 벌어 오면 100원으로 10원 벌어 오면 10원으로 살지, 일하지 말라고 하셨던 시아버지도 쉬어가며 일하라고 너의 대박을 응원한다며 문자가 오신다.

#기적은 철저히 계산한다

이 글을 쓰는 지금도 내게 교육 제안 전화가 오고 있고 나는 사무실에서 파트너들과 맛있는 따뜻한 커피와 샐러드를 먹으며 현명하면서 가장 확실하게 성장하는 방법에 대해 이야기를 나누는 중이다. 강사 브랜딩으로 몸값을 올리겠노라며 코칭을 받으러 오는 강사님들에게 오늘도 이렇게 말했다. "당신의 능력을 발견한 순간 당신은 놀라울 정도로 멋져진 거예요. 1인 스케줄에 국한되어 있는 강사가 아니라 우리 교육 기업가로 영앤리치 정상에서 만나요!"

찢어지게 가난해서 밑바닥을 봐야 했던 찌질이 중 제일 찌질한 강사 박비주는 오늘은 더 큰 꿈을 꾸며 강사 브랜딩 성공자들과 함께 걷는다. 시간적 자유를 누리고 경제적 자유를 누리는 지금 이 순간이 기적이다 하며 감동한다. 강사 창업으로 투자하라! 그리고 될 때까지 끝까지 함께 걷자. 기적은 철저히 계산되어 있다.

6

평범함이 스페셜 콘텐츠

#저도 그렇게 될 수 있을까요?

"대표님, 저도 대표님처럼 누군가를 가르치며 아이에게 자랑스러운 직업을 가지고 싶어요." 아기 엄마들이 나에게 SNS를 통해 가장 많이 하는 댓글 또는 DM이다. 그럴 때 답장을 이렇게 보낸다. "아이 키우는 평범한 아줌마라는 게 스페셜 콘텐츠예요! 저보다 더 크게 성공하실 수 있으니 도전하세요." 박비주라는 나란 사람도 특별하게 재능을 가지고 금수저 집안에서 태어나 여기까지 쉽게 온 거 아니다. 그냥 대한민국 창원이라는 지방에 사는 한 아줌마로 평범한 사람이었고 평범한 강사였다. 하지만 책을 쓰고 전국에 영향력 있는 작가가 되면서 몸값이 오르고 특별함을 갖게 되었고 스피치 학원에서 트윙클 컴퍼니 회사로 전향할 수 있었다.

애들 키우면서 월 300만 원 버는 원장이 되면 성공한 거라고 생각한 평범한 아줌마가 지금은 억대 연봉을 벌며 아이들을 키우고 있다.

유명 베스트셀러를 보아도 위인전을 보아도 다들 평범했다. 진짜 평범하다 못해 가슴 저미며 눈물 없이 보지 못한 사연을 가진 사람도 많다. 그들은 모든 고난과 역경을 이겨 내고 오히려 더 큰 에너지로 큰 영향력을 주며 살고 있다.

#평범하니까 성공한다

굴곡 하나 없이 부모가 금수저는 아니더라도 은수저쯤 되어서 흙수저는 구경도 못 해본 우리 누군가는, 평범이라도 했으면 좋겠다는 평범한 당신은 가슴 저미며 눈물 없이는 보지도 듣지도 못하는 사연을 가진 그들에 비하면 성공 추월 차선이다. 지금부터라도 꿈을 세우고 도전하여 아이들을 가르치고 또 내가 가진 재능을 펼치며 누군가에게 교육의 기버로 산다고 마음을 먹어 실천하는 게 좋다. 이 책은 교육 사업을 하고 있는 강사 6명의 이야기를 담은 책인데 내용을 읽어 보면 지극히 평범하거나 역경 속에서도 성공을 거둔 스토리를 볼 수 있을 것이다. 다들 강사라는 타이틀을 얻고 이전의 삶보다 지금은 더 넓은 삶으로 세상을 바라보며 자신만의 특별한 영향력을 교육으로 만들어 활약한다.

　평범한 나도 취미 생활로, 특기로 아니면 이전 경험으로 교육기버가 될 수 있으며 성공할 수 있을까라는 가능성에 대한 고민보다는 어떻게 하면 나도 저렇게 6인 기업의 강사들처럼 성공할 수 있는가에 대한 방법론을 고민하는 게 좋을 것이다.

　평범하기에 교육 콘텐츠가 쉽고 공감 갈 것이다. 배우고 싶었던 분야 혹은 자신이 부족해서 완전 전문가 수준으로 만들고 싶은 분야를 선택하여 지금 당장 강사로 데뷔하는 것도 좋다. 그렇게 평범함을 비범함으로, 특별함으로 바꿀 수 있다. 평범했던 사람이 점차 수익화하고 멋있어지는 모습을 내 가족에게, 내 주위 사람들에게 더 나아가 대한민국, 전 세계인들에게 보여 주는 것 자체가 이미 '기버' 이다.

　아이를 낳고 남편이 벌어 오는 돈 감사히 받고 알뜰살뜰 쓰며 갖고 싶은 게 있으면 남편에게 생일 선물로 사 달라고 조심스레 이야기하던 아줌마가 동네에 조그마한 교습소를 차려 아이 키우며 소소하게 일했는데 지금은 100평이 넘는 사무실에서 작가로, 강연가로, 강사의 강사로 강사의 성공을 브랜딩해 주며 살아가고 있다. 그저 평범한 아줌마가 꿈꾼 "돈 많이 벌어서 우리 엄마, 우리 남편, 우리 아이들 안 힘들게 그리고 주위 사람들을 돕고 싶을 때 도울 수 있는 능력을 가진 영향력 있는 여성이 되자!"라는 목표 하나로 실천하고 행동했더니 어느새 우리 집 생활비를 책임지고 부모님 금일봉도 드리는 자식, 며느리가 되었고 남편과 퍼스트 클래스를 타고 크루즈 여행을 다니고 값비싼 호텔에 가서 아이들 물놀이도 시키며 능력 있는 엄마, 아내가 되었다.

자신을 향한 '평범'이라는 시선은 문제가 되지 않는다. 평범을 성공이란 단어로 바꾸는 건 자신이 직접 설정하고 이뤄 나가야 하는 것이다. 목표가 혹여 달성되지 않더라도 선하고 아름다웠고 실행을 했다면 그 자체로 이룬 것이다. 하지만 성공은 더 달콤하고 선하고 아름답다.

더 이상 평범하다는 이유로 한계의 선을 만들지 말자. 평범이 곧 스페셜 콘텐츠이고 성공의 자산이다.

박비주

7

아무나 성공하는 건 아니다

#쉽게 성공합니다?

'쉽게 성공하는 방법' '적게 일하고 많이 버는 법' 나와는 거리가 멀다. 성공자를 관찰한 지금까지 결과로는 쉽게 성공하거나 적게 일하시는 분들이 없다.

"성공은 아무나 하는 게 아니잖아?" 맞다. 백번 맞는 말이다. 성공은 아무나 할 수 없다.

성공을 하는 소수의 특별한 사람은 성공을 하겠다는 목표 의식과 행동력이 있는 반면 대부분의 사람들은 성공을 할 수 있는 조건을 갖추었으나 목표도 없을 뿐더러 행동, 실행하지 않는다. 목표 의식을 가지고 삶을 주도하고 행동하는 사람이 몇 없으니 성공하는 사람이 소수인 거다. 성공자는 확실한 목표 의식이 있다. 욕심도 그냥 욕심이 아닌 확실한 욕심이 있다. 욕심을 욕심이라 부르지 않고 원동력이라 부른다.

자신이 이루고자 하는 목표 의식 속에서 확실하게 성공의 정체성을 만들고 몇 번이고 확인하여 행동한다. 나도 트윙클 컴퍼니를 운영하기 위해 학원 원장이 아닌 회사 대표처럼 움직이고 행동했다.

#억대 연봉 강사의 행동력

행동력이라면 무엇이 있을까? 명함을 만들고 명함을 주러 다니는 일이 아니다. 실력 없이 명함을 주는 건 '사기'에 해당한다고 본다. 억대 연봉 강사들은 행동력의 힘이 다르다. 가르치는 사람이지만 잘 가르치기 위해 먼저 배운다. 배움에 아낌없이 투자한다. 아인슈타인의 "어제와 똑같은 오늘을 살면서 다른 미래를 기대하는 것은 정신병 초기 증세이다."라는 말처럼 동종 업계의 원장을 경쟁자라 생각하는 것이 아니라 어제의 나에게 경쟁의식을 느끼며 배우려 하고 지속 발전하려고 한다. 그래서 저자도 배우는 데 아끼지 않고 국가, 나이, 성별을 떠나 스승을 만나고 배운다. 어제의 결과가 오늘이고 지금의 이 시간들이 나에게 어떻게 다가올지 몰라 내가 성공하고 싶은 만큼 투자한다. 하지만 아직도 월 300-500 버는 일반 강사님들은 오늘 투자한 적금에, 저금에, 주식에 미래를 맡긴다. 배우는 데 투자하기보다는 '언제 내 인생이 망할지 모른다'라는 마음의 불안에 배우는 데 쓰는 돈을 아껴 통장에 밥 준다. 하지만 성공한 강사는 다르다. 적금처럼 배움이 곧 수익이고 코칭 능력이라고 생각하기 때문에 무조건 배운다.

트윙클 스피치 당시 내 몸값을 올리는 브랜딩을 위해 책을 써야겠다고 생각했고 이천만 원에 가까운 금액을 지불하고 책 쓰기를 배웠다. 많은 사람들은 나에게 이렇게 말했다. "그렇게 해야 해?" "미쳤다." 행동하면서도 내 마음은 불안했다. 이렇게 한다고 해서 달라지는 게 있을까? 그래도 성공하기 위해 불안한 마음을 모르는 척하고 행동했다. 그렇게 강사로 몸값을 올리기 위해 투자하고 행동했더니 정말로 내 몸값이 올랐다. 그뿐인가? 강사님들에게 1인 브랜딩, 마케팅 기술을 가르쳐 드려 홀로서기를 하시도록 돕고 아니면 트윙클 컴퍼니 전문 강사진으로 영입하여 플랫폼 인프라를 구축하고 있다. 그리고 강사진에게 맞는 책 쓰기 컨설팅도 진행하여 베스트셀러 작가님이 되는 것까지 일타 쌍피 성공의 방법을 알려 드리고 기획해 드린다.

이처럼 목표하고 행동했더니 눈 깜짝할 새 이룬 것도 많고 따르는 것도 많아졌다.

아직도 성공은 아무나 하냐며 성공은 쉬운 게 아니다, 성공은 다른 별에 있는 것처럼 이야기하는 교육업자들이 많으시다. 자, 이제는 생각해 보아야 한다. 성공을 못한 게 아니라 안 한 게 아닌지? 성공을 할 수 있음에도 안 해놓고 매일 돈 없다, 가르치는 일 힘들다라며 부정적인 말만 하고 있지는 않은지? 아무나 성공하는 건 아니다. 목표 의식, 행동력, 실천력이 있어야 하는 것이다. 하지만 성공한 사람을 따르고 같이 행동하고 실천한다면 누구나 성공할 수 있다. 이 글을 읽었다면 지금 당장 성공한 사람을 만나고 따라 해라. 이 책을 읽고 공감 가는 교육 강사가 있다면 메일 주소에 메일을 보내라! 적극적으로 행동하고 실천해서 함께 성공의 궤도에 오르자!

'교육'이라는 교집합으로 함께 타인을 성공시키는 일. 그게 나의 최종 목표다!

선한 영향력으로 삶을 개척해 나가는
여섯 여성의 행보를 응원합니다

권선복
도서출판 행복에너지 대표이사

　우리는 누구나 나름대로의 인생 목표와 계획을 가지고 삶을 살아갑니다. 하지만 그 계획과 목표는 완전할 수도 없고 불변할 수도 없으며, 상황에 따라 전혀 예상치 못한 삶의 방향을 선택해야 하는 경우도 적지 않게 존재합니다. 이렇게 삶에 갑자기 다가온 큰 변화는 인생의 역경으로 작용하는 동시에 자신이 '진짜로 하고 싶은 것'이 무엇이었는지 돌아볼 수 있는 계기를 만들어 주기도 합니다.

　이 책 『쫄지 마 강사창업』은 각자 다른 시작점에서 각자 다른 이유로 역경을 겪었으나 역경을 통해 '교육기버'라는 새로운 인생을 살아가게 된 여섯 명의 여성 창업가들의 진솔한 이야기를 담은 에세이 집입니다. 경정 모터보트 선수, 피아니스트, 건축가, 배우…다양한 꿈을 꾸었던 6명의 여성들은 각자의 이유로 자신의 인생 목표에 대한 좌절을 경험하고, 아직까지도 여성이라는 이유로 더 높아지는 현실의 벽에 눈물을 흘리기도 합니다. 하지만 그러한 방황 속에서 찾게 된 '강사'라는 새로운 길은 자신도 모르고 있었던 스스로의 잠재력을 알게 해 주는 계기가 되었을 뿐만 아니라 다른 이의 가능성을 일깨워 주는 일의 보람과 선한 영향력을 깨닫는 첫걸음이 되었습니다.

여성들의 사회진출이 그 어느 때보다도 두드러지는 시기, 많은 2~30대 여성 청년들이 청운의 꿈을 품고 사회에 발을 디디고 있습니다. 이 책 『쫄지 마 강사창업』 속 여섯 명의 '교육기버'들은 비록 자신이 처음 생각했던 꿈과는 다른 길을 걷게 되었지만 타인을 성장시키고 자신도 함께 성장하는 교육의 참 가치를 깨달았다고 고백합니다. 그리고 여섯 저자들의 이러한 이야기는 새롭게 사회에 발을 디디고 자신의 꿈을 향해 나아가려는 여성 청년들, 특히 '교육기버'로서 1인 창업의 문을 두드리려고 하는 청년들에게 훌륭한 길잡이가 되어 줄 수 있을 것입니다.

'교육기버'로서 모두가 함께 성장해 나가는 세상을 꿈꾸는 여섯 명의 여성 1인 기업가의 행보를 응원하며 행복에너지가 항상 팡팡 팡 샘솟길 기원합니다!

'행복에너지'의 해피 대한민국 프로젝트!

<모교 책 보내기 운동> <군부대 책 보내기 운동>

한 권의 책은 한 사람의 인생을 바꾸는 힘을 가지고 있습니다. 한 사람의 인생이 바뀌면 한 나라의 국운이 바뀝니다. 그럼에도 불구하고 많은 학교의 도서관이 가난하며 나라를 지키는 군인들은 사회와 단절되어 자기계발을 하기 어렵습니다. 저희 행복에너지에서는 베스트셀러와 각종 기관에서 우수도서로 선정된 도서를 중심으로 <모교 책 보내기 운동>과 <군부대 책 보내기 운동>을 펼치고 있습니다. 책을 제공해 주시면 수요기관에서 감사장과 함께 기부금 영수증을 받을 수 있어 좋은 일에 따르는 적절한 세액 공제의 혜택도 뒤따르게 됩니다. 대한민국의 미래, 젊은이들에게 좋은 책을 보내주십시오. 독자 여러분의 자랑스러운 모교와 군부대에 보내진 한 권의 책은 더 크게 성장할 대한민국의 발판이 될 것입니다.